一天一个小成语
斗转星移长知识
让成语的一个个点
连成古文的一片海

一天一个 成语 卷二

主　编：夫　子

本册主编：张朝伟

编委：
范丽雷蕾
李颖刘佳
毛恋唐玉芝
邱鼎淞王惠
吴翮向丽琴
徐凤英晏成立
阳倩曾婷婷
张朝伟周方艳
周晓娟

山东教育出版社

图书在版编目（CIP）数据

一天一个成语. 卷二 / 夫子主编. — 济南：山东
教育出版社, 2021.8
ISBN 978-7-5701-1798-7

Ⅰ. ①一… Ⅱ. ①夫… Ⅲ. ①汉语—成语—青少年读
物 Ⅳ. ① H136.31-49

中国版本图书馆 CIP 数据核字 (2021) 第 154998 号

YI TIAN YI GE CHENGYU JUAN ER
一天一个成语 卷二 夫子 主编

主管单位：山东出版传媒股份有限公司
出版发行：山东教育出版社
地址：济南市市中区二环南路 2066 号 4 区 1 号
邮编：250003 电话：（0531）82092660
网址：www.sjs.com.cn
印 刷：山东彩峰印刷股份有限公司
版 次：2021 年 8 月第 1 版
印 次：2021 年 8 月第 1 次印刷
开 本：720 mm × 1020 mm 1/16
印 张：10
印 数：1—10000
字 数：180 千
定 价：36.00 元

目　录

卷二

yùn chóu wéi wò

运筹帷幄

夫运筹策帷帐之中，决胜于千里之外，吾不如子房。镇国家，抚百姓，给馈饷（军饷），不绝粮道，吾不如萧何。连百万之军，战必胜，攻必取，吾不如韩信。此三者，皆人杰也，吾能用之，此吾所以取天下也。

——《史记》

成语释义 在帷幕中指挥、谋划。后泛指策划机要，也指在后方指挥、筹划。

造　句 诸葛亮能献出良计，助蜀汉国君成事，可谓运筹帷幄之中，决胜千里之外。

近义词 足智多谋

反义词 纸上谈兵

成语接龙

运筹帷幄 → 卧薪尝胆 → 胆战心惊 → _____ → 地动山摇 → _____ → 尾大不掉 → 掉以轻心 → 心如止水 → _____

咬文嚼字

"运筹帷幄"中，大有乾坤在

　　筹，在古代是一种计数和计算用的竹码，后来衍生出计算、谋划的意思。"幄"的字形是把"巾"与"屋"合起来，意思是以布巾围成的形如房屋的临时性居所，帷幄就是指军用帐篷。

成语故事

刘邦建立汉朝后，举办了庆功宴。宴上，他与臣子们交谈甚欢。

刘邦谈到自己胜利而项羽失败的原因，他说："论在营帐里筹划战术就取得千里之外的胜利的本领，我不如张良；论镇守国家，安抚百姓，筹运军粮的本事，我比不上萧何；论统率百万大军，百战百胜的本事，我不如韩信。他们三个都是杰出的人才，而我能够任用他们，让他们最大限度地发挥作用，这就是我能够得到天下的原因。相对来说，项羽手下只有一个谋臣范增，而项羽又不让他发挥应有的作用，这就是项羽失败的原因。"

偃旗息鼓
_{yǎn qí xī gǔ}

公军追至围，此时沔阳长张翼在云围内，翼欲闭门拒守，而云入营，更大开门，偃旗息鼓。公军疑云有伏兵，引去。

——《三国志》（裴松之注）

成语释义 放倒军旗，停止击鼓。指秘密行军，不暴露目标；也指军队停止战斗。后比喻收敛起来，停止行动。也作"掩旗息鼓"。

造　句 看到我方将士精神抖擞，敌军瞬间偃旗息鼓，准备撤退。

近义词 鸣金收兵

反义词 重整旗鼓

找规律 偃旗卧鼓　偃旗仆鼓　掩旗息鼓　卷旗息鼓

成语接龙

偃旗息鼓 → 鼓舞人心 → _____ → 冷言冷语 → 语重心长

→ 长歌当哭 → _____ → 啼笑皆非 → 非同小可 → _____

咬文嚼字

拔起为"揠"，倒下为"偃"

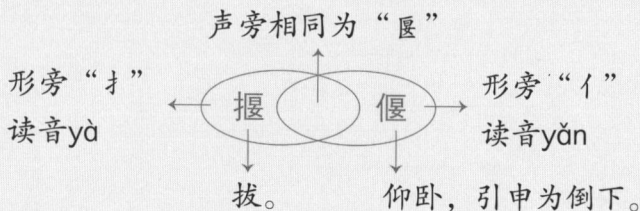

声旁相同为"匽"

形旁"扌" 读音 yà ← 揠 偃 → 形旁"亻" 读音 yǎn

拔。　　仰卧，引申为倒下。

成语故事

三国时，曹操准备攻打汉中，并放出豪言壮语，说要继续往南攻下益州。刘备听从诸葛亮的意见，率先夺取益州，并开始同曹操争夺汉中。经过定军山一战，蜀汉大将黄忠率军打败了魏国大将夏侯渊。曹操十分恼火，他决定把大批军粮运往汉水北山，然后同刘备决一死战。

老将黄忠前去劫取曹操的军粮，赵云奉命留下来看营。可是，过了两人约定的时间，黄忠仍然没有回来。赵云就带领数十个轻骑兵出营，准备去接应黄忠，不巧与率领大军出击的曹操狭路相逢，便同曹军前锋厮杀起来。曹军人多势众，赵云孤军难敌，一边战斗一边撤退，慢慢撤回到自己的营地。

赵云知道曹操生性多疑，他回到营地后，便命令部下大开营门，放倒军旗，停止击鼓，想要用"空城计"逼退曹军。果然，曹军见蜀汉军营中毫无动静，怀疑赵云已经设下伏兵，就撤退了。

文苑

秦显家的听了，轰去魂魄，垂头丧气，登时掩旗息鼓，卷包而出。

——曹雪芹

从大动农开始到现在，他的砖场就偃旗息鼓了。往日双水村南头听了叫人心乱的喧嚣声已停歇多时。

——路遥

厉兵秣马
lì bīng mò mǎ

郑穆公使视客馆，则束载、厉兵、秣马矣。使皇武子辞焉，曰："吾子淹久于敝邑，唯是脯资、饩牵竭矣。为吾子之将行也，郑之有原圃，犹秦之有具囿也，吾子取其麋鹿，以闲敝邑，若何？"

——《左传》

成语释义	磨好兵器，喂饱战马。指做好战斗前的准备工作，后泛指事前做好准备工作。
造 句	面对即将来临的比赛，双方都厉兵秣马，蓄势待发。
近义词	枕戈待旦　严阵以待
反义词	解甲归田　马放南山

成语接龙

厉兵秣马 → 马放南山 → 山高水长 → ⬚⬚⬚⬚ → 岁暮天寒

→ ⬚⬚⬚⬚ → 月淡风清 → 清闲自在 → 在所不辞 → ⬚⬚⬚⬚

咬文嚼字

"厉""励"莫混淆，"秣"音要记牢

厉在这里同"砺"，表示磨砺。"厉兵"中的"兵"指兵器，厉兵即磨砺兵器，使兵器锋利，因此要用"厉"而不是"励"。秣，读mò，在古代意为喂马的草饲料，所以是禾字旁。"秣"在本成语中用作动词，意为"用草料喂"。

成语故事

春秋时期，秦国派杞子、逢孙、杨孙三人领军驻守郑国，说是帮助郑国守卫国都，实则是为控制郑国。杞子掌管了郑国都城北门的钥匙，他让秦军秘密攻袭郑国，自己则作为内应。

秦军长途跋涉，赶往郑国，途中刚好被郑国商人弦高碰到。弦高一边应付秦军，一边暗地派人火速到郑国报信。

郑穆公得知消息后，就派人去查看秦国的杞子等人在干什么。只见他们已经捆好了行李，磨好了武器，喂饱了战马，完全处于一种应战的状态。

于是，郑穆公就派人对杞子等人说："你们在我们这里待了这么久，我们的干肉、粮食和牲畜马上就没有了。你们现在要离开了，我国还有个猎场园圃，和秦国的差不多。请你们到那里猎取些麋鹿，供诸位路上食用，好让我国得以休养。你们看怎么样？"杞子等人听了这话，知道事情败露了，便分别逃走了。秦将孟明说："郑国已有准备，我们的偷袭不可能成功了。既然没有办法攻下它，又没有足够的兵力去包围它，我们还是撤退吧。"

gāo wū jiàn líng
高屋建瓴

陛下得韩信，又治秦中。秦，形胜之国，带河山之险，县隔千里，持戟百万，秦得百二焉。地执便利，其以下兵于诸侯，譬犹居高屋之上建瓴水也。

——《史记》

成语释义　从高屋脊上往下倒瓶中的水。形容居高临下，不可阻挡的形势。也比喻能把握全局，轻松驾驭。

造　　句　我国古代有很多人物具有高屋建瓴的雄才大略。

近 义 词　居高临下

反 义 词　螳臂当车

成语接龙

高屋建瓴 → 灵机一动 → 动人耳目 → _____ → 丁一确二 → 二话不说 → _____ → 短兵相接 → 接风洗尘 → _____

咬文嚼字

"高屋建瓴"与"居高临下"的异同

相似点：都有占据高处，面对低处的意思。

差异性：高屋建瓴——偏重不可阻挡的形势。

居高临下——偏重处于可操控全局的有利地位。

成语故事

　　刘邦建立了汉王朝，但天下还没有稳定下来。有人向刘邦报告说韩信想谋反。刘邦将信将疑，就问身边大臣该怎么办。大臣们都认为应该去攻打韩信。最后刘邦听从谋士陈平的建议，表面上假称巡视到陈县（今河南淮阳）会见各路诸侯，召集诸侯们前去集合。

　　韩信一到陈县，立刻被押上了囚车。就在同一天，刘邦宣布大赦天下。有一个叫田肯的人对刘邦表示祝贺："陛下捉住了韩信，又治理了关中，可喜可贺。关中易守难攻，有了黄河、高山的保护，它与其他诸侯王国中间有一条天然屏障。一百万的军队在关中就有了两百万的力量。关中的地势太过优越，要是从关中发兵攻打东边诸侯，就好像在高屋脊上向下倾倒瓶子里的水一样，一泻而下，不可阻挡。"

　　刘邦听了这话很高兴，赐给了田肯很多财物。

文苑

　　这几句话的诀窍何在呢？我个人觉得，这些形象大都是从战争年代的叱咤风云的指挥员们身上脱颖出来的，具有气壮山河的英雄气概和高屋建瓴的雄才大略。

——季羡林

　　钧的势头，有笼罩全篇的力量，读者一开始读就感受到它的威力，有如高屋建瓴，再读下去，就一泻千里了。

样的开头有雷霆万

——古华

009

投鞭断流

tóu biān duàn liú

昔夫差威陵上国，而为勾践所灭。仲谋泽洽全吴，孙晧因三代之业，龙骧一呼，君臣面缚，虽有长江，其能固乎！以吾之众旅，投鞭于江，足断其流。

——《晋书》

成语释义 把众多士兵的马鞭投到江里，就能截断水流。形容人马众多，兵力强大。

造　　句 勇敢无畏的军队有投鞭断流之势。

近 义 词 千军万马

反 义 词 单枪匹马

成语接龙

投鞭断流 → 流言蜚语 → 语不惊人 → ⬜ → 危言耸听 → 听而不闻 → ⬜ → 舞刀弄枪 → 枪林弹雨 → ⬜

咬文嚼字

谁可"投鞭断流"？

　　"投鞭断流"强调军队整体的力量强大，不能用于个人。比如下面这个句子：

　　小明从小就很强壮，越长大力气越大，简直可以投鞭断流。

　　句子中用"投鞭断流"来形容小明便是错误的用法，形容小明力气大可以用诸如"拔山扛鼎"之类的成语。（拔山扛鼎：拔起大山，举起重鼎。形容人力气很大。）

成语故事

东晋时期，前秦君主苻坚召集满朝文武百官，对他们说："现在天下基本稳定，只剩下晋朝尚不安定。我准备亲自率领大军灭晋。你们觉得如何？"

多数大臣都不同意出兵攻晋，认为这样做没什么好处。大臣石越说："晋朝有长江作为天然屏障，朝廷内部也没有斗争。现在还不是攻打晋朝的最好时机，我们应当厉兵秣马，等待时机。"

苻坚听了，很不以为然，他说："当初，夫差的威严凌驾各国，却被勾践所灭。孙仲谋的恩泽惠及全吴，而吴主孙皓虽然有三代积累下的大业，仍灭亡了。他们都占据了长江天险，难道就稳固了！我们的兵马有很多，就是只把马鞭投到长江里，都能截断水流。"

大臣们苦苦劝告，而苻坚一律不听，结果在淝水之战中惨败。

成语中那些与战争有关的"声音"

风声鹤唳：形容惊慌失措，或自相惊扰。

闻风声鹤唳，皆以为王师已至。（《晋书》）

四面楚歌：形容四面受敌、孤立无援的处境。

项王军壁垓下，兵少食尽，汉军及诸侯兵围之数重，夜闻汉军四面皆楚歌，项王乃大惊曰："汉皆已得楚乎？是何楚人之多也！"（《史记》）

震天动地：震动了天和地。形容声音或声势极大。

涛涌波襄，雷奔电泄，震天动地。（《水经注》）

鼓衰气竭：战鼓声音微弱，力量已经用尽。多用来比喻文章或事物的末尾松懈无力。

夫文犹战也……即不知百胜之术多多益办耶？抑又不知鼓衰气竭，自此为迁延之役耶？（《因继集重序》）

金鼓齐鸣：金钲和战鼓一齐响起。形容士气高昂或战斗激烈。

只见山凹处，金鼓齐鸣，喊声大震，一彪军到。（《三国演义》）

吹角连营：指军营中响彻着进攻的号角。角，古代军中所吹的乐器。

醉里挑灯看剑，梦回吹角连营。（《破阵子·为陈同甫赋壮词以寄之》）

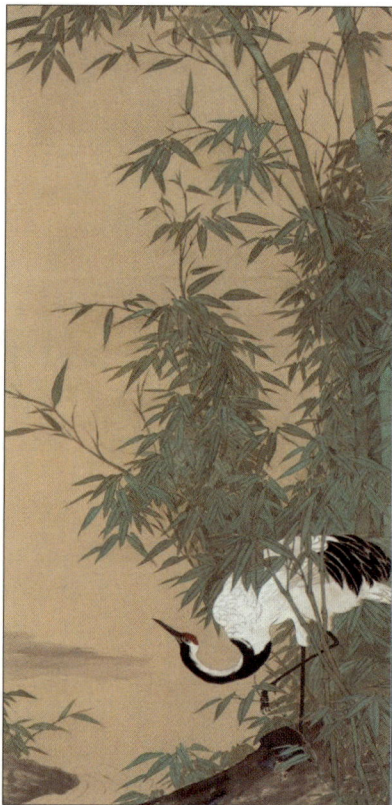

语林小憩

一、当成语医生，找出成语中的错别字。

马格裹尸 ⬚　　　　　　破斧沉舟 ⬚

草木接兵 ⬚　　　　　　维魏救赵 ⬚

被水一战 ⬚　　　　　　怀水车薪 ⬚

学负五车 ⬚　　　　　　剑拔怒张 ⬚

二、写出下列成语相关故事的主角。

1. 投鞭断流 ⬚

2. 图穷匕见 ⬚

3. 厝火积薪 ⬚

4. 四面楚歌 ⬚

5. 望梅止渴 ⬚

三、成语找朋友，将下列各成语与其近义词连起来。

纸上谈兵　　　　　　　　　千军万马

风声鹤唳　　　　　　　　　坐而论道

作壁上观　　　　　　　　　杯弓蛇影

投鞭断流　　　　　　　　　置身事外

饮鸩止渴
yǐn zhèn zhǐ kě

就有所疑，当求其便安，岂有触冒死祸，以解细微？譬犹疗饥于附子，止渴于鸩毒，未入肠骨，已绝咽喉，岂可为哉！

——《后汉书》

成语释义 喝毒酒来止渴。比喻用错误的办法来解决眼前的困难，而不顾其严重后果。鸩：传说中一种有剧毒的鸟，这里指用鸩的羽毛泡制的毒酒。

造　　句 为了得到暂时的安稳，他不断向敌人割让土地。这种做法无异于饮鸩止渴。

近 义 词 扬汤止沸

反 义 词 釜底抽薪

成语接龙

饮鸩止渴 → 渴而穿井 → ☐☐☐☐ → 条理分明 → 明知故犯
→ 犯上作乱 → 乱臣贼子 → ☐☐☐☐ → 有气无力 → ☐☐☐☐

咬文嚼字

"饮鸩止渴" 与 "望梅止渴" 的异同

饮鸩止渴　　　　　　　　望梅止渴

贬义，强调方法错误会造成严重后果。　都可用来形容想办法解渴，即解决问题。　褒义，强调发挥主观能动性，用对的方法解决问题。

成语故事

霍谞是东汉魏郡邺人，他小时候读书就很努力，精通四书五经，有"神童"的称号。他有个舅舅叫宋光，在郡里当官。宋光因为秉公执法，得罪了一些权贵，于是有人就去大将军梁商那里诬陷宋光私自篡改朝廷的诏书。宋光因此被关进了监狱。

霍谞当时只有十五岁，但他已经能够像大人一样做事了。他清楚舅舅的为人，知道他肯定不会干这种违法犯罪、弄虚作假的事。霍谞为了给舅舅申冤，就给大将军梁商写了一封信，他在信中这样写道：

"宋光作为州郡的长官，一向奉公守法，怎么会冒着死罪的代价篡改诏书呢？这就像吃附子来充饥，喝鸩酒来解渴。要是这样，东西还没进入肠胃，在咽喉处人就已经断气了。宋光怎么会这样做呢？"

梁商被霍谞说服，把这封信呈给了皇上，请求放了宋光。宋光没几天就被无罪释放了。

文苑

少爷出身的你，不知崇祯为同意加征练饷的事，在去年已引起朝议哗然，但这是出于形势所迫，好比明知是一杯鸩酒，也只好饮鸩止渴。

——姚雪垠

道穷人的艰难：借印子钱，饮鸩止渴，也是没有法子呀！

——茅盾

抱薪救火
bào xīn jiù huǒ

夫欲玺者制地，而欲地者制玺，其势必无魏矣。且夫奸臣固皆欲以地事秦。以地事秦，譬犹抱薪而救火也，薪不尽则火不止。今王之地有尽，而秦之求无穷，是薪火之说也。

——《战国策》

成语释义 抱着柴草去救火。比喻用错误的方法去消除灾祸，结果反而使灾祸扩大。

造　　句 对方索求过度，我们不能太软弱，否则无异于抱薪救火。

近 义 词 雪上加霜

反 义 词 釜底抽薪

成语接龙

抱薪救火 → 火烧眉毛 → _____ → 脚底抹油 → 油干灯尽
→ 尽心尽力 → _____ → 及时行乐 → 乐不思蜀 → _____

咬文嚼字

"抱薪救火"与"釜底抽薪"的异同

抱薪救火　　　　　　　　釜底抽薪

采用不正确的方法去解决问题，结果使问题更加严重。　都用薪与火的关系来比喻解决现实问题。　方法正确，从根本上解决了问题。

016

成语故事

战国时期，各诸侯国之间战争不断。有一次，秦、魏两国的军队又打了起来，魏军被秦军打败了。

第二年，魏王派段干崇去向秦国割地求和。魏国大臣孙臣觉得不妥，便劝告魏王说："战争刚结束时魏国没有因为战败而割地求和，这是魏国的成功；而秦国在当时没有因为取胜而提出割地的要求，这是他们没有抓住机会。一年之后的现在却要去割地求和，这一定是某些大臣的阴谋。段干崇想要秦国的印玺，秦国想要魏国的土地，大王派段干崇去秦国，这不是创造机会让段干崇与秦国勾结吗？如果继续这样发展下去，魏国肯定会灭亡。我国的奸臣都想用割地讨好秦国，您更要警惕。用割地去讨好秦国，就好像抱着柴火去救火一样，柴火不烧尽，火就不会熄灭。何况大王的土地总有割尽的时候，但秦国的要求没有尽头，这就像是薪和火的关系啊。"

南辕北辙
nán yuán běi zhé

今王动欲成霸王，举欲信于天下，恃王国之大，兵之精锐，而攻邯郸，以广地尊名，王之动愈数，而离王愈远耳，犹至楚而北行也。

——《战国策》

成语释义 本要往南边去却驾车北行。比喻行动和目的截然相反。辕：车前部驾牲畜的两根直木。辙：车轮在地面上碾出的痕迹。

造　句 想要成功，必须使方向与目的一致，这样才不会南辕北辙。

近义词 背道而驰

反义词 殊途同归

找规律 南征北战　南船北马　南来北往　南腔北调

成语接龙

南辕北辙 → 辙乱旗靡 → 靡靡之音 → _____ → 无中生有 → 有模有样 → 样样俱全 → _____ → 意味深长 → _____

咬文嚼字

"南辕北辙"与"背道而驰"的异同

相似点： 都可用来比喻差距极大且无法统一。

差异性： 南辕北辙——偏重强调同一个主体的目标与方向不同。

背道而驰——偏重强调两个不同主体的目标不同。

成语故事

魏王想攻打赵国都城邯郸，以此来扩大魏国领土。

魏国大臣季梁听到这个消息后，立即去找魏王说："我来时，在大路上遇到一个驾车往北走的人。

他说：'我要去楚国。'

我问道：'楚国在南边，你为什么要向北走呢？'

他说：'没关系，我的马很强壮。'

我说：'就算你的马很强壮，但这不是到楚国的路啊。'

他又说：'没事的，我带了很多路费。'

我说：'你虽然带了很多路费，但这不是通往楚国的路啊。'

他还说：'那也没事，我的车夫有很高超的驾车本领。'

照这个人的做法，他的马匹、费用、车夫等各种条件越好，他朝北走的速度越快，距楚国只会越来越远。如今大王您打算行动起来，完成霸业，那么您的一举一动都应当让人信服。如果您仗着国力强盛、军队精锐就去攻打邯郸，想要以此扩大领土、提高威望的话，我可以毫不客气地说，您越是这样，距离统一天下的目标就越远，就好像我方才讲的那个人，想到南方的楚国去，却向着北走，那么就永远不会得偿所愿了。"

竭泽而渔

jié zé ér yú

雍季曰:"竭泽而渔,岂不获得?而明年无鱼;焚薮(sǒu)而田,岂不获得?而明年无兽。诈伪之道,虽今偷可,后将无复,非长术也。"

——《吕氏春秋》

成语释义 排尽湖中或池中的水来捕鱼。比喻目光短浅,只顾眼前利益,不做长远打算。

造　　句 为了一时的经济收入而忽视环境问题,这无异于竭泽而渔,人类终将自食恶果。

近 义 词 杀鸡取卵

反 义 词 从长计议

成语接龙

竭泽而渔 → 渔翁得利 → 利害相关 → 关怀备至 → [　　　　]
→ 美中不足 → [　　　　] → 谋事在人 → 人声鼎沸 → [　　　　]

咬文嚼字

"鱼"还是"渔"?别再傻傻分不清楚!

　　"竭泽而渔"中的"渔"意为捕鱼,是动词。而"鱼"是名词,放在此成语中并不适用。浑水摸鱼、缘木求鱼等成语中,"鱼"表示的便是名词,在这些成语中,就不能用"渔"啦!

春秋时期，晋文公出兵城濮，将与楚国交战。晋文公召见狐偃，问他说："楚国兵力比我国兵力多，要怎么办才能取得胜利呢？"

狐偃回答说："做事讲究礼仪的君王，会好好利用礼节，遵守礼仪；深谋远虑、善于运用计谋的君王能够充分运用欺骗之计达成目的。君王只要采用诈兵之计就能够取得战争的胜利了。"

晋文公把狐偃的话告诉了雍季，雍季不认同狐偃的话，他说："为了抓鱼而把池塘里的水放干，这样的话确实可以抓到鱼，但是到第二年就没有鱼可以抓了。为了捕捉野兽而烧毁树林，这确实能够捉到野兽，但是到第二年就没有野兽了。欺骗伪诈的办法虽然可以在今天达成目的，但以后不可能再用，所以绝不是长久之策啊！"

yuán mù qiú yú
缘木求鱼

王曰："若是其甚与？"曰："殆有甚焉！缘木求鱼，虽不得鱼，无后灾。以若所为求若所欲，尽心力而为之，后必有灾。"

——《孟子》

成语释义 爬到树上去找鱼。比喻方向或办法不对，不可能达到目的。

造　句 做事情，方法策略很重要，如果是缘木求鱼，那就难以达到目的。

近义词 南辕北辙

成语接龙

缘木求鱼 →〔　　　〕→ 破铜烂铁 → 铁树开花 →〔　　　〕
→ 下里巴人 → 人神共愤 → 愤懑不平 → 平易近人 →〔　　　〕

咬文嚼字

"缘""源"之中，大有不同

"缘木求鱼"中的"缘"，意为沿着、顺着，"缘木"的意思是爬树。源，指水流起头的地方，也有源头的含义。如果仅从单个字的意思看的话，很容易写成"源木求鱼"，因此，要把"缘木"合在一起，把字放在词语中来记忆。

成语故事

战国时期，齐宣王与孟子谈话。孟子问道："您大兴军事，与各诸侯结怨，这样您是不是很开心？"

齐宣王说："不，我怎么会感到开心呢？我这样做是为了实现最大的愿望啊！"

孟子说："您最大的愿望是什么呢？"

齐宣王只笑，不回答孟子的问题。

孟子说："您派兵打仗，是因为美味的食物不够吃吗？是因为暖和的衣服不够穿吗？是因为家居环境不够舒适、好听的音乐不够听吗？还是因为服侍您的仆人不够用呢？"

齐宣王说："都不是，这些我已经有了。"

孟子说："所以您最大的愿望应该是扩张领土，让其他国家臣服您，让落后的部族归顺您，您自己做天下盟主吧！但是您现在的做法就像爬到树上去捉鱼，最后什么都得不到。"

齐宣王说："真有这么严重吗？"

孟子说："比这更严重！爬上树去捉鱼，虽然没有收获却也没有坏处。但您现在行为不仁且不给自己留后路，最后不仅没有收获，甚至还会惹来灾祸啊。"

地理小常识——古代的方向、地名

1. **阴阳**：阳光不易照到之处叫"阴"，反之就叫"阳"。因此，阴就是山的北面、水的南面；阳就是山的南面、水的北面。

2. **江河**：在古代，"江"专指长江，"河"专指黄河。

3. **关外**：汉朝之前，"关"特指函谷关，关外即函谷关以东的地区；明清时期"关"特指山海关，关外即山海关外的东北地区。

4. **山东、山西中的"山"**："山"特指崤山，有时也指太行山。

5. **江南、江左、江表**：在古代，"江"指代长江。因此，"江南"泛指长江以南的地区；"江左"即长江以东的地区；"江表"指长江以南的地区。

6. **朔漠**：指北方的沙漠，也可单称"朔"，泛指北方。杜甫《咏怀古迹》（其三）中就有这么一句："一去紫台连朔漠，独留青冢向黄昏。"

7. **百越**：又作百粤、诸越。古文中常泛指南方地区。

8. **京畿**：在古代指国都及其附近的地区。

9. **三辅**：西汉时指治理京畿地区的三位官员，后指这三位官员管辖的地区。

10. **三秦**：指潼关以西的关中地区。项羽灭秦后曾将此地封给秦军三位降将，故得名。唐代王勃《送杜少府之任蜀州》中就有这么一句："城阙辅三秦，风烟望五津。"

11. **三都**：东汉的三都指东都洛阳、西都长安、南都宛。唐代的三都指东都洛阳、北都晋阳和京都长安。

12. **两都**：在汉代指长安、洛阳，又叫"两京"。

语林小憩

一、你知道一些带有方向词（如上、下、左、右、前、后、东、西、南、北）的成语吗？试着写出几个吧！

二、请从下面的九宫格中找出两个成语。

求	木	火
抱	缘	救
鱼	薪	安

三、看图猜成语。

反裘负刍
fǎn qiú fù chú

魏文侯出游，见路人反裘而负刍。文侯曰："胡为反裘而负刍？"对曰："臣爱其毛。"文侯曰："若不知其里尽而毛无所恃耶？"

——《新序》

成语释义 反穿着皮袄背柴。形容贫穷劳苦。也形容不知事理，不知本末。

造　　句 为了不把衣服弄坏，老翁故意反裘负刍，那样子实在是让人又好笑又心疼。

近 义 词 反裘负薪　舍本逐末

成语接龙

反裘负刍 → 刍荛之言 → ◻◻◻◻ → 理屈词穷 → 穷山恶水 → 水中捞月 → ◻◻◻◻ → 高谈阔论 → 论古谈今 → ◻◻◻◻

咬文嚼字

有"衣"之"求"方可穿

裘的意思是毛皮的衣服。我们通过"裘"字的上部分"求"，可以记住它的读音qiú，下部分的"衣"则代表它是一种衣服。这样，我们不仅记住了它的读音也明白了它的含义，写的时候就不容易写错了。

成语故事

魏文侯外出巡游时碰到一个背着柴火的人，让人奇怪的是他的皮裘是反过来穿的（古人穿裘毛朝外，反穿则毛在里）。魏文侯问他："你为什么要反穿着皮裘背柴呢？"

那人回答说："唉，你看我这件皮裘还是新的，毛这么好！我要是正着穿，背柴火时会把毛磨掉的。"

魏文侯听了微微一笑，对他说："你就不想想，像你这样背柴火，皮裘的里子很容易就磨破了。要是里子被磨破了，正面的毛还能附着在哪里呢？毛要是没了，这皮衣还有什么用？"

第二年，东阳地区交纳的赋税比往年多了十倍。大臣们纷纷向魏文侯表示祝贺，魏文侯却担心地说："耕地和老百姓的人口没有增加，交给朝廷的赋税却增加了这么多，这些钱粮肯定是官吏从老百姓那里盘剥来的。这让我想起了去年那个反穿皮裘背柴火的人，他因为爱惜皮裘上的毛，忘记了皮衣的里子更加重要。要是只顾眼前的利益，而不顾老百姓的死活，国家怎么会安定呢？"

削足适履
xuē zú shì lǚ

解门以为薪，塞井以为臼，人之从事，或时相似。水火相憎，鐥(小鼎)在其间，五味以和；骨肉相爱，谗贼间之，而父子相危。夫所以养而害所养，譬犹削足而适履，杀头而便冠。

——《淮南子》

成语释义 鞋小脚大，把脚削去一些以适应小鞋。比喻过分迁就现成条件或生搬硬套。

造　　句 不考虑自己的实际情况，照搬别人的经验，无异于削足适履。

近 义 词 生搬硬套

反 义 词 量体裁衣

成语接龙

削足适履 → 履霜坚冰 → ☐ → 地利人和 → 和颜悦色
→ ☐ → 纷至沓来 → 来之不易 → 易如反掌 → ☐

咬文嚼字

"xuē"还是"xiāo"？

意为用刀斜着去掉物体的表层，如"削苹果"。 ← xiāo 削 xuē → 专用于合成词，如"剥削、削弱、削足适履"。

成语故事

　　春秋时期，楚灵王的弟弟弃疾听信了自己的谋士朝吴的话，在楚灵王讨伐蔡国时率兵返回楚国，把世子杀死，立灵王的另一个儿子子午为国君。征讨途中的楚灵王听到这个消息，对弟弟感到无比失望，心灰意冷之下自杀了。弃疾知道楚灵王死了，立刻逼死子午，自立为王，也就是后来臭名昭著的楚平王。

　　还有一个故事：晋献公宠爱骊姬，十分听她的话。骊姬想让自己的儿子奚齐成为太子，晋献公马上同意，还杀了原来的太子申生。可是这仍然无法让骊姬安心，因为晋献公还有两个已经成年的儿子——重耳和夷吾。骊姬害怕他们威胁到奚齐，便建议杀了重耳和夷吾兄弟俩，晋献公竟然又同意了。但一位正直的大臣听到了他们的密谋，立即转告重耳和夷吾。二人听说后，马上分头逃往他国了。

　　《淮南子》中说道："劈下门户当作柴火，塞上水井当作杵白，人们做的一些事情，有时也这样愚蠢。"《淮南子》的作者刘安评论上述两件事时说："听信坏人的话，让父子、兄弟自相残杀，就像为了适应鞋的大小而砍去脚指头一样，太不明智了。"

文苑

倘作者如此牺牲了抒写的自由，即使极小部分，也无异于削足适履的。

——鲁迅

dōng shī xiào pín
东施效颦

西施病心，而颦其里；其里之丑人，见而美之；归，亦捧心而颦其里。其里之富人见之，坚闭门而不出；贫人见之，挈妻子而去之走。彼知颦美，而不知颦之所以美。

——《庄子》

成语释义 比喻盲目模仿，反而适得其反。也比喻刻意模仿。

造　　句 一味模仿别人而不知道结合自身条件，就会如东施效颦一般，白白惹人嗤笑。

近 义 词 邯郸学步

成语接龙

东施效颦 → 贫贱之交 → 交浅言深 → _____ → 恨之入骨

→ 骨肉至亲 → _____ → 足不出户 → 户告人晓 → _____

咬文嚼字

结合意义辨"频""颦"

　　"颦"，意为皱眉，而"频"在古汉语中有"多次，连续；危急；并列"的意思，两个字虽字音相同、字形相似，但是意思完全不同。结合成语的字面意思便容易分辨出来，如"东施效颦"本义是说东施模仿西施捧心皱眉，因此用"颦"。

成语故事

春秋时期，越国有一个著名的美女叫西施。西施天生丽质，但身体不好。她有心痛病，走在路上有时会忽然感到心口疼痛难忍，这时她就皱着眉头捂着心口走路，但即使这样，也不影响她的好看，甚至因为病态而别有一番韵味。村里有个叫东施的人，她容貌不佳，看到西施捂着胸口皱着眉头的样子很美，于是，她也学西施，双手按着胸口，愁眉苦脸地在路上走来走去。富人见了，马上把大门紧紧关上，不再出来；穷人见了，连忙带着妻子儿女跑开。

在东施看来，她只是觉得西施皱眉捧心的样子很美，可是她却不明白西施美的原因是什么。她一味地模仿别人，不仅模仿不好，反而出丑。

买椟还珠
mǎi dú huán zhū

> 楚人有卖其珠于郑者，为木兰之椟，熏以桂椒，缀以珠玉，饰以玫瑰，辑以翡翠。郑人买其椟而还其珠。此可谓善卖椟矣，未可谓善鬻珠也。
>
> ——《韩非子》

成语释义 买来装珍珠的木匣，退还了珍珠。比喻没有眼光，取舍不当。

造　　句 在学习上，我们应该要有主次之分，千万不能买椟还珠。

近义词 舍本逐末

反义词 去粗取精

成语接龙

买椟还珠 → 珠圆玉润 → 润物无声 → 声泪俱下 → _____

→ 明哲保身 → _____ → 战火纷飞 → 飞沙走石 → _____

咬文嚼字

根据偏旁辨"椟""渎"

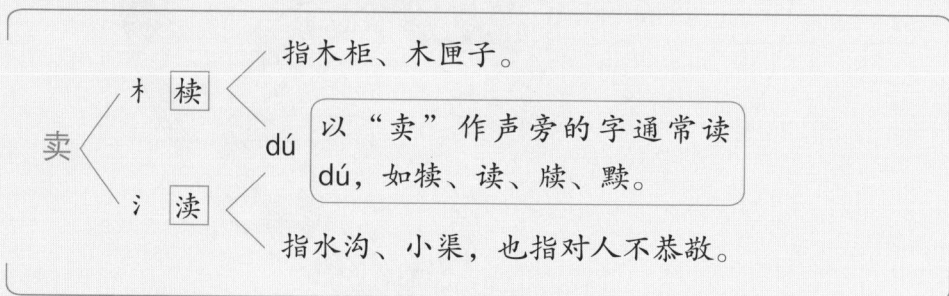

卖
- 木 椟 —— 指木柜、木匣子。
- dú 以"卖"作声旁的字通常读 dú，如椟、读、牍、黩。
- 氵 渎 —— 指水沟、小渠，也指对人不恭敬。

成语故事

一个楚国商人去郑国卖珍珠。为了能够让珍珠看起来更宝贵，他用木兰树做了一只装珍珠的匣子，并用桂木和花椒作香料把匣子熏得香香的，还用各种珠玉、美丽的玫瑰、绿色的翡翠精心地装饰匣子。他想，有了这么精美的匣子，人们一定会觉得里面的东西很贵重，这样的话我的珍珠一定会被人争着买吧。

事情果然如楚国人所料，郑国人把他的珍珠摊围得水泄不通。但他又发现，郑国人感兴趣的并不是珍珠，而是装珍珠的匣子，他们不停地议论匣子有多精美，而完全忽略了里面的珍珠。

后来，一个郑国人花高价买下了楚国人用来装珍珠的匣子，却把匣子里的珍珠还给了楚国人。看来这个楚国人并不适合卖珠宝，而更适合卖匣子。

文苑

今《公羊》《榖梁》二传殆绝，习《左氏》者皆遗经存传，谈其事迹，玩其文彩，如览史籍，不复知有《春秋》微旨。呜呼！买椟还珠，岂足怪哉！

——陆淳

今之治经者亦众矣，然而买椟还珠之蔽，人人皆是。

——程颐

刻舟求剑

kè zhōu qiú jiàn

> 楚人有涉江者，其剑自舟中坠于水，遽契其舟，曰："是吾剑之所从坠。"舟止，从其所契者入水求之。舟已行矣，而剑不行，求剑若此，不亦惑乎？
>
> ——《吕氏春秋》

成语释义 多指做事不知进退，墨守成规，不懂得随着客观情况的变化来处理事情。含贬义。

造　句 他的思维模式是如此固化，在工作中常常会做出刻舟求剑那样可笑的事情来。

近义词 一成不变　顽固不化

反义词 因地制宜

成语接龙

刻舟求剑 → 剑拔弩张 → 张皇失措 → _____ → 及时行乐

→ 乐以忘忧 → 忧国忧民 → _____ → 生生不息 → _____

咬文嚼字

"刻舟求剑"与"守株待兔"的异同

相似点： 都可用来形容人非常固执而不知变通。

差异性： 刻舟求剑——偏重说明人的眼光不会随着事物的变化而变化。

守株待兔——偏重说明的是人想要不努力就收获的侥幸心理。

成语故事

　　战国时期，有一个楚国人，他在乘船渡江时，不小心把随身佩带的宝剑掉到了水里。他急忙在船上刻了一个记号，口中念念有词："我的宝剑就是从这个地方掉下去的，等一会儿我直接凭着这个记号去找我的宝剑。"

　　船停了以后，他立刻找到船上刻了记号的地方，并跳下水去寻找他的宝剑。结果可想而知，船在不停地移动，而剑掉下去之后并没有移动，他下水的地方根本不是宝剑掉下去的地方，像他这样找剑，不是很糊涂吗？

笑中美人

一笑倾城——李夫人

传说汉武帝有位李夫人，她很受汉武帝宠爱。李夫人很美，她的哥哥李延年就曾用"倾国倾城"形容她的容貌。

北方有佳人，绝世而独立，一顾倾人城，再顾倾人国。（《汉书》）

回眸一笑——杨贵妃

杨贵妃（即杨玉环）是唐玄宗的宠妃，她姿质丰艳，能歌舞，通音律。诗人白居易在《长恨歌》中曾形容她回眸一笑的风姿。

回眸一笑百媚生，六宫粉黛无颜色。（《长恨歌》）

言笑晏晏——氓之妻

《诗经》中有个故事，讲述了一个女子与恋人相识相爱分离的过程，痛斥了男子的变心之快。其中叙述他们初遇时快乐的场景便用了"言笑晏晏"。

总角之宴，言笑晏晏。（《诗经》）

一笑千金——褒姒

周幽王的宠妃褒姒很少露出笑容，偶露笑容，就会显得艳丽迷人。为了博美人一笑，周幽王不惜给出重金来悬赏：博褒姒一笑者，赏以千金！

回顾百万，一笑千金。（《七依》）

语林小憩

一、补全成语。

削　适履　　　　东施效　

反　负刍　　　　买　还珠

啼笑皆　　　　　按图索　

二、回答下列有关成语的问题。

1. 在刻舟求剑的故事中，为什么找宝剑的人找不到宝剑？

_____

2. "回眸一笑百媚生"说的是哪一位历史人物？

_____

3. 在成语"削铁如泥"中，"削"字的读音是什么？

_____

三、成语接龙。

▶ 买椟还　→　光宝　→　　壮山　→

　清海　→　　然自若

▶ 刻舟求　→　　拔弩　→　　灯结　→

　衣娱　→　　力亲为

▶ 量体裁　→　　食住　→　　云流　→

　到渠　→　　家立业

奇货可居
qí huò kě jū

> 子楚，秦诸庶孽孙，质于诸侯，车乘进用不饶，居处困，不得意。吕不韦贾邯郸，见而怜之，曰"此奇货可居"。
>
> ——《史记》

成语释义 把稀有的货物储存起来，等待高价时卖出去。比喻凭借某种独特的技能或事物谋利，也比喻拿某种专长或事物作为资本，以捞取功名利禄。

造　　句 昔日默默无闻的小作家一举成名后，连以前写的草稿都被收藏家视为奇货可居。

近 义 词 待价而沽

反 义 词 朽木不可雕

成语接龙

奇货可居 → 居高临下 → 下里巴人 → ⬚⬚⬚⬚ → 爱憎分明

→ ⬚⬚⬚⬚ → 白马非马 → 马到功成 → 成人之美 → ⬚⬚⬚⬚

咬文嚼字

奇货可"居"不可"聚"

　　"居"本意为居住的地方，引申为积蓄、储存的意思。成语"奇货可居"的意思便是储存稀有的货物，此处的"居"便有"储存"之意，而"聚"是聚集的意思，因此在这个成语中要用"居"而不是"聚"。

成语故事

战国末期，秦国大商人吕不韦往来各地贩卖货物，家产千金。有一次，吕不韦经商来到赵国都城邯郸，遇到了被秦国派到赵国当人质的子楚。子楚是秦昭王庶出的孙子之一，并不受秦昭王重视，所以才被派到赵国当人质。赵国也看不起他，不给他提供应有的钱财车辆，所以子楚的处境较为困顿。吕不韦对子楚十分同情，他看到了子楚的潜力，认为他有能力当上秦王，只是当前需要一点外界的帮助，所以他高兴地说："这个人是可以囤积起来，等价格高的时候出售的罕见奇货！"

于是，吕不韦去拜见子楚，对他说："我可以帮你飞黄腾达，成就霸业。"子楚听懂了吕不韦的暗示，二人开始交往密谋。后来，子楚果然当了秦王，即秦庄襄王。吕不韦也因此成为丞相，被封为文信侯。

越俎代庖
yuè zǔ dài páo

鹪鹩巢于深林，不过一枝；偃鼠饮河，不过满腹。归休乎，君！予无所用天下为！庖人虽不治庖，尸祝不越樽俎而代之矣。
jiāo liáo
zūn

——《庄子》

成语释义 主祭的人跨过礼器去代替厨师做饭。比喻超出权限办事或包办代替。

造　　句 在工作中，我们必须明确自己的职责目标，才不会越俎代庖。

近义词 牝鸡司晨

反义词 各司其职

成语接龙

越俎代庖 → 庖丁解牛 → _____ → 面如桃花 → 花天锦地
→ 地动天惊 → _____ → 俗不可耐 → 耐人寻味 → _____

咬文嚼字

礼器为"俎"，厨师为"庖"

俎，是古代祭祀用的礼器；庖，在古代最初指的是厨房，又衍生出厨师、厨具等相关意义。这两个字在现代汉语中都不太常见，结合成语的故事背景比较容易记忆。

成语故事

帝尧善于治理政事，重视有才能的人。他发现许由既有才能，又有修养，就想把帝位让给许由，让他来代替自己管理政事。

许由听了急忙推辞："你治理的天下已经很好了，我来替代你岂不是借了你的美名？'名'不过是'实'的附属物而已。我没去治理天下而获得了治理天下的名声，那就太说不过去了。鹪鹩在深山老林中筑巢，顶多占据一根树枝就够了；鼹鼠在大河边上喝水，顶多喝满一肚子水也就够了。像我这样的人要去治理天下还是算了吧！我再打个比方来说，太庙中负责祭祀的官吏急需置办一桌饭菜祭祀天地，但厨师却有急事不能马上给他做出来。就算祭祀的官吏再急也不能顶替厨师的职务来做菜吧！"

许由最终没有接受帝尧的禅让。

利令智昏
lì lìng zhì hūn

太史公曰：平原君，翩翩浊世之佳公子也，然未睹大体。鄙语曰"利令智昏"，平原君贪冯亭邪说，使赵陷长平兵四十余万众，邯郸几亡。

——《史记》

成语释义 因贪图私利而失去了理智，不顾一切。也作"欲令智昏"。

造　　句 他利令智昏，选择铤而走险贩卖违禁品，终于自食苦果，被捕入狱。

近 义 词 见利忘义　财迷心窍

反 义 词 舍生取义　见利思义

成语接龙

利令智昏 → 昏天黑地 → _____ → 摇尾乞怜 → 怜香惜玉
→ 玉汝于成 → _____ → 对酒当歌 → 歌功颂德 → _____

咬文嚼字

"利令智昏"与"见利忘义"的异同

相似点： 都可用来形容被眼前的私利冲昏头脑。

差异性： 利令智昏——偏重强调因为利益的诱惑而没有了判断事物的理智。

见利忘义——偏重强调为了利益而不顾道义。

成语故事

战国时期，秦国攻打韩国，上党郡被秦军包围，陷入孤立无援的境地。

上党郡守冯亭十分着急，于是派使臣去赵国，表示愿意带上党郡等十七个城邑投降赵国，只求赵国能够和上党郡一起抵抗秦国。赵王和群臣商议，平原君赵胜觉得可以接受上党郡守的投降，但有人认为不能接受。经过一番激烈争论，赵王采纳了平原君赵胜的建议，接受了上党郡守的投降，并派平原君领兵进驻上党郡来抗拒秦军。结果赵国引火烧身，在长平之战中大败。

司马迁在《史记》中对这场战役做出这样的评价：

"平原君赵胜确实是一个有才干的公子，但有时也看不清全局，不明白道理。俗话说：'利益，能够使人冲昏头脑，丧失理智。'平原君便是被冯亭利诱，主张接受上党郡的投降，才诱发了赵国与秦国的长平之战，导致赵国在长平损失了四十多万兵众，甚至连国都邯郸也差点被攻占。"

文苑

姓李的或者本无此心，禁不得这班小人在旁边唆摆，难免他『利令智昏』呢。

——吴趼人

自古道："欲令智昏。"贾琏只顾贪图二姐美色，听了贾蓉一篇话，遂以为计出万全，将现今身上有服，并停妻再娶，严父妒妻种种不妥之处，皆置之度外了。

——曹雪芹

得陇望蜀

dé lǒng wàng shǔ

帝留盖延、耿弇围之，而车架东归。敕彭书曰："两城若下，便可将兵南击蜀虏。人苦不知足，既平陇，复望蜀。每一发兵，头须为白。"

——《后汉书》

成语释义 已经取得陇，还想攻取蜀。比喻得寸进尺，贪得无厌。

造　　句 要懂得珍惜已经得到的事物，如果一味贪婪，得陇望蜀，最后可能会连本已经得到的东西也失去。

近义词 得寸进尺

反义词 知足常乐

成语接龙

得陇望蜀 → 蜀犬吠日 → 日夜兼程 → ⬜ → 雪兆丰年
→ 年高望重 → ⬜ → 山南海北 → 北门之叹 → ⬜

咬文嚼字

未得蜀，怎"忘蜀"？

　　"得×忘×"式成语有很多，但是"得陇望蜀"并不属于此类。"得陇望蜀"表示已经得到了陇，还想要蜀，其中"望"表示"盼望、看"的意思，与"忘"的意思完全不同，因此用"望"而不是"忘"，要结合成语意思来进行记忆。

成语故事

东汉初期，光武帝刘秀还未能完全扫除地方豪强，尤其是割据陇地的隗嚣与蜀地的公孙述。为了消灭割据，刘秀率兵亲征。

将军岑彭跟着刘秀取得一系列胜利后，与大将吴汉一起率军在西城包围了隗嚣。当时蜀地的豪强公孙述率兵援救隗嚣，并占据上邽，两军陷入僵持。刘秀见一时难以取胜，就留下盖延、耿弇领兵包围上邽，自己回到了洛阳。

刘秀离开后，专门给岑彭下了一道诏书，说："攻下西城和上邽两城之后，就去攻打蜀地的敌人。人啊，是不知满足的。平定陇地之后还想得到蜀地。却不知道每次打完仗，头发都要变白。"

待价而沽
dài jià ér gū

子贡曰："有美玉于斯，韫椟（yùn）而藏诸，求善贾而沽诸？"子曰："沽之哉！沽之哉！我待贾者也。"

（藏在柜子里）

——《论语》

成语释义 指等待好价钱出售。后多用来比喻怀才待用或待时而行。沽：卖。

造　　句 他没有接受这家公司的工作机会，是在待价而沽，希望遇到真正欣赏他的人。

近 义 词 奇货可居

反 义 词 坐失良机

成语接龙

待价而沽 → 沽名钓誉 → 誉满天下 → _____ → 人山人海 → _____ → 楼阁亭台 → 台阁生风 → 风姿绰约 → _____

咬文嚼字

"待价而沽"与"奇货可居"的异同

相似点： 都可用来形容拥有才能的人等待时机以受重用。

差异性： 待价而沽——偏重从自己的角度表达想要受到重用的愿望。

奇货可居——偏重从旁观者的角度评价有才能的人。

成语故事

春秋时期，为了实现自己的政治主张，孔子周游列国，广发言论，游说诸侯，希望能够得到重用。可是，事与愿违，孔子四处碰壁。为此，他十分惆怅。这种惆怅的心情有时候也会表现在他的言谈中，从他的话语里，常常会流露出想被重视的愿望。

有一次，孔子的学生子贡和孔子讨论一件美玉如何处理的问题。子贡问孔子："这里有一块美玉，是把它收藏在柜子里呢？还是找一个识货的商人卖掉呢？"孔子则毫不犹豫地说："卖掉吧！卖掉吧！我也正等着识货的人呢！"

文苑

若还收拾得早，所欠不多，还好待价而沽，就卖也不肯贱卖。

——李渔

徐义德待价而沽。他心里早在盘算了，因为大家都推崇唐仲笙，他不好抢生意，也没有必要贬低自己身价，送上门去。

——周而复

管仲"齐纨鲁缟"的故事

战国时期，齐鲁两国是邻国，他们一直维持着表面的和平，但是都筹划着某天吞并对方，壮大自己。某天，齐桓公就此问管仲，希望他能想办法帮助齐国战胜鲁国。管仲胸有成竹，很快便想出了一个办法：从明天起，让齐国人都穿缟做的衣服。当时，齐国生产的是纨布，而鲁国生产的是缟布。齐桓公有点奇怪，但仍然按照管仲说的发布了命令。

在齐桓公的命令和主动带领下，齐国很快便涌起了穿鲁缟的潮流。紧接着，齐桓公更进一步，让齐国人不再织布，布料全部从鲁国进口。极大的需求与当时相对较少的供给使鲁缟一时价格猛增。在利益的吸引下，鲁国人开始大量地织布。管仲紧接着又贴出了告示：鲁国商人贩布到齐国的，每运来一千匹，奖励三百金，运来一万匹，奖励五千金。告示一出，鲁国顿时掀起"织缟热"，家家户户都开始织缟，甚至停下了种地。

管仲想要的效果就是这样。看到鲁国上下都忙于织缟而疏于耕作，管仲便下令不再进口鲁缟。这下，之前一直忙于织缟的鲁国人可傻了眼，他们的缟卖不出去，都积压在了一起，而想回归正常生活，却发现他们忙于织缟，早已荒废了田地，连最基本的粮食都成了短缺资源。

鲁国人没有办法，只能从齐国进口粮食。管仲便下令提高粮价，不仅把之前买鲁缟的钱赚了回来，还盈余了许多。经此事件，鲁国经济受到了巨大的打击，再也无力与齐国抗衡。齐桓公的忧虑终于可以打消了。

当齐桓公问管仲为何会想出这个点子时，管仲笑着说："臣不过是利用了人的贪婪本性。鲁国人只贪求卖鲁缟带来的巨大利润，而忽视了更为长远的粮食的价值，因此失败。贪婪只会使人眼光受限，而失去最基本的判断力啊。"

语林小憩

一、用数字补全成语。

□面□方	□言□语
□上□下	□死□生
□战□胜	□山□水
□湖□海	□方□计
□心□意	□牛□毛

二、请将下面成语补充完整。

		引		
待	价		沽	
		不		
	百		百	
	折			庸
		了	了	

三、猜谜语。

1. 精品屋。（打一个成语）　　谜底：＿＿＿＿＿＿

2. 一剑刺来，六神无主。（打一个成语）　谜底：＿＿＿＿＿＿

3. 攻克兰州，拟取益州。（打一个成语）　谜底：＿＿＿＿＿＿

韩信将兵，多多益善

_{hán xìn jiàng bīng duō duō yì shàn}

上常从容与信言诸将能不，各有差。上问曰："如我能将几何？"信曰："陛下不过能将十万。"上曰："于君何如？"曰："臣多多而益善耳。"

——《史记》

成语释义 韩信领兵，越多越好。形容某种事物数量越多越好。将：统率。

造 句 "韩信将兵，多多益善"的兵家至理，在运用高科技武器的战场上，似乎要重新解读了。

成语接龙

韩信将兵，多多益善 → 善始善终 → ☐☐☐☐ → 事不过三 → 三朝元老 → ☐☐☐☐ → 秋风落叶 → 叶公好龙 → ☐☐☐☐

咬文嚼字

辨析多音字"将"

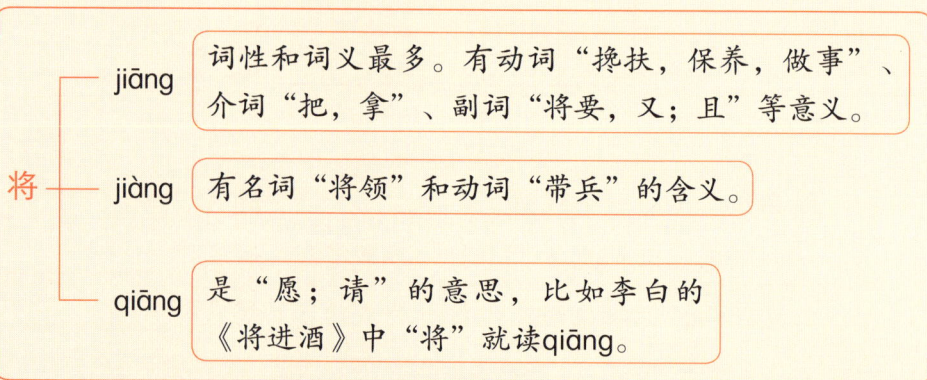

将		
jiāng	词性和词义最多。有动词"搀扶，保养，做事"、介词"把，拿"、副词"将要，又；且"等意义。
jiàng	有名词"将领"和动词"带兵"的含义。
qiāng	是"愿；请"的意思，比如李白的《将进酒》中"将"就读qiāng。

成语故事

　　汉高祖刘邦经常和韩信讨论朝中将军们的才能如何。韩信认为这些将军们各有长处，也各有不足。

　　刘邦问韩信，说："像我这样的才能，能够统率多少军士呢？"韩信回答说："陛下可以统率十万军士。"

　　刘邦又说："那你呢？"韩信回答说："我的话，兵马自然是越多越好。"

　　刘邦笑着说："既然你有如此大的才能，领的兵越多越好。那你为什么被我捉住了呢？"韩信说："陛下虽不善于领兵，却善于任用将领，这就是我被你捉住的原因。况且陛下是上天所任命的，不是谁都能够比的。"

周公吐哺

zhōu gōng tǔ bǔ

周公戒伯禽曰："我文王之子，武王之弟，成王之叔父，我于天下亦不贱矣。然我一沐三捉发，一饭三吐哺，起以待士，犹恐失天下之贤人。子之鲁，慎无以国骄人。"

——《史记》

成语释义 周公礼贤下士，求才心切，为了迎客，进食时多次吐出食物，停下来不吃。后形容求贤心切。

造　　句 他有着周公吐哺的胸怀，必定能成就一番大业。

近 义 词 求贤若渴

反 义 词 嫉贤妒能

成语接龙

周公吐哺 → 捕风捉影 → 影影绰绰 → ☐ → 余味无穷

→ 穷山恶水 → ☐ → 穿云裂石 → 石枯松老 → ☐

咬文嚼字

是"哺"，不是"甫"

哺，读作bǔ，为形声字，本义是咀嚼，泛指吃、喝。成语中的"吐哺"是吐出嘴里的食物的意思。甫，读作fǔ，在古代是加在男子名或字后面的美称，用作副词是刚刚的意思。因此不要将"周公吐哺"的"哺"错写成了"甫"。

成语故事

　　周公，名叫姬旦，他辅佐了周武王伐纣灭商。周武王死后，周成王尚年幼，他又辅佐周成王管理天下。

　　周朝把鲁地封给周公。为了完成安定周朝的大业，周公决定留下来继续辅佐周成王，而让自己的儿子伯禽代自己前去管理鲁地。

　　临走时，周公对儿子伯禽说："我是文王的儿子、武王的弟弟、成王的叔父，对于天下人来说，我的地位很高了。但是我却洗一次头要多次握起头发，吃一顿饭要多次吐出嘴里的食物，起身接待贤士。即使这样，我还会害怕失去天下的贤人。你到了鲁国，千万不要因为有国土就骄慢于人。"

　　周公对周朝早期的巩固与发展产生了巨大的影响，他礼贤下士的方式也为人称道，贤名流传千古。

文苑

月明星稀，乌鹊南飞。

绕树三匝，何枝可依？

山不厌高，海不厌深。

周公吐哺，天下归心。

——曹操

北京为天下视听所系，亦是人才荟萃之地，陛下到北京后首先急务应是招贤纳士，正所谓"周公吐哺，天下归心"。

——姚雪垠

江郎才尽

jiāng láng cái jìn

又尝宿于冶亭，梦一丈夫自称郭璞，谓淹曰："吾有笔在卿处多年，可以见还。"淹乃探怀中得五色笔一以授之。尔后为诗绝无美句，时人谓之才尽。

——《南史》

成语释义 原指江淹少有文名，晚年诗文无佳句。泛指才情减退或才华枯竭。也作"江淹才尽"。

造　　句 有些作家写不出好作品，不是因为江郎才尽，而是因为缺少了生活阅历。

近 义 词 江淹梦笔

反 义 词 七步成章

成语接龙

江郎才尽 → ☐☐☐☐ → 力可拔山 → 山长水远 → 远走高飞 → 飞短流长 → 长生不老 → ☐☐☐☐ → 谈何容易 → ☐☐☐☐

咬文嚼字

"才"和"材"的微妙区别

才，指才能或从才能方面指某类人，如多才多艺、奇才。材，木料，泛指材料、资料；也可指某类人，如蠢材、栋梁之材。成语"栋梁之材"是从才能方面指能担当国家重任的人，因此也可写作"栋梁之才"。但是，"江郎才尽"中的"才"是指才能、才华，不能误写成"材"。

成语故事

　　江淹少年时期就很有才华，写得一手好文章。可是，早年间他在仕途上一直很不得志，不仅没有得到重视，还受人牵连入狱。

　　后来，江淹依附萧道成、萧衍等权贵，开始在官场一路升迁。在这个时期，江淹每天都过得心满意足，晚年时还被封为了醴陵侯。然而，在这种富足的环境中，他的文学才能却衰退了。

　　有一次，江淹在冶亭过夜，梦见一个自称是郭璞的人对他说："我有一支笔放在你这里很多年了，你现在把它还给我吧。"江淹把手伸进怀里，竟然真的摸出一支五色笔，并交给了郭璞。自这之后，江淹写诗文的时候，就再也写不出奇美的句子了。当时，人们都说他的才思已经用尽了。

文苑

　　今世士惟务作诗，而看来韩老师也已江郎才尽，笔墨技法虽已极致，总无什么新意了。

　　——王小鹰

　　不喜涉学，逮世故日胶，性灵日退，遂皆有江淹才尽之诮矣。

　　——洪亮吉

伯乐相马
bó lè xiàng mǎ

伯乐遭之，下车攀而哭之，解纻衣以幂（覆盖）之。骥于是俯而喷，仰而鸣，声达于天，若出金石声者，何也？彼见伯乐之知己也。

——《战国策》

成语释义　指发现、推荐、培养和使用人才的人。
造　　句　在大街上搞抽象艺术，到底是伯乐相马还是哗众取宠？
近 义 词　高山流水
反 义 词　知音难觅

成语接龙

伯乐相马 → 马到功成 → ＿＿＿＿ → 月黑风高 → 高风亮节
→ 节外生枝 → ＿＿＿＿ → 茂林修竹 → 竹篮打水 → ＿＿＿＿

咬文嚼字

别再用"×是×的伯乐相马"啦！

　　"伯乐相马"是**主谓式**的成语，可以作定语，**不能**因为前两个字为"伯乐"就当成名词性成语来使用。比如这个句子：

　　小明是小红的伯乐相马。

　　句中把伯乐相马作为名词性短语放在"小红的"这个形容词性物主代词后面，便是错误的用法。按照句子的本意，可以改为"小明是小红的伯乐"。

成语故事

战国时期，春申君门下有个门客叫汗明。汗明去拜见春申君，等了三个月才被接见。两人交谈之后，春申君很赏识汗明，就吩咐守门官吏把汗明的名字登记在宾客簿上，每五天就见他一面。

汗明非常感动，就对春申君说："您听说过千里马的故事吗？千里马快老了，主人驱赶着它驾起盐车往太行山奔去。它伸展四蹄，弯曲膝盖，弓着腿使劲拉车。拉着拉着，千里马的尾巴下垂，脚掌溃烂，口水洒在地上，身上汗流不止，只能在坡道上停下来，再也拉不上去。这时，伯乐看到了它，他跳下车，攀着车辕伤心地为千里马哭了，还把自己穿的衣服脱下来盖在千里马身上。这时，千里马低头喷气，昂首长鸣，发出了响亮的叫声，和金石乐器发出来的一样。这是为什么呢？因为千里马知道伯乐是了解自己的。现在，我还不成器，尚处于社会底层，在陋巷中间居住，习惯鄙风陋习。难道您不想把我的污浊洗掉，提拔我，让我为您在太行之坡引吭长鸣吗？"

毛遂自荐
máo suì zì jiàn

> 门下有毛遂者，前，自赞于平原君曰："遂闻君将合从于楚，约与食客门下二十人偕，不外索。今少一人，愿君即以遂备员而行矣。"
>
> ——《史记》

成语释义　比喻自告奋勇，自己推荐自己去做某事。

造　　句　想要突破自己，挑战自己，就需要有毛遂自荐，敢为人先的勇气。

近 义 词　自告奋勇

反 义 词　畏缩不前

成语接龙

毛遂自荐 → 荐贤举能 → _____ → 道听途说 → 说一不二

→ _____ → 珠圆玉润 → 润物无声 → 声泪俱下 → _____

咬文嚼字

"毛遂自荐"与"挺身而出"的异同

相似点：都可用来形容人在任务面前积极踊跃。

差异性：毛遂自荐——偏重强调的是人希望得到重用的愿望。

挺身而出——偏重强调的是在困难、危机面前主动承担风险的勇敢与无私。

成语故事

战国时期，秦军围困赵国都城邯郸，赵王派平原君赵胜前往楚国游说楚王，希望能够与楚国联合抗秦。平原君门下有一个叫毛遂的门客，他在平原君挑选门客的时候主动站到平原君面前，自我推荐说："我听说您要从门客里选择二十人一起去楚国，现在已经有十九个人了，您看我来做第二十个人怎么样？"

平原君问毛遂："先生做我的门客有多久了？"毛遂说："我已经在此住了三年。"平原君说："有才能的人生活在世上，就好像把锥子放在口袋里，锥子尖锐的部分立刻会显露出来。但先生在我这里做了三年门客，我从来没听说过有人夸赞您，这可能就说明您并没有什么长处吧，所以您还是不要去了。"毛遂说："我只不过是到今天才请求进入口袋里罢了，要是我早就在袋中的话，就会像锥子那样，展露出所有锋芒，而不仅仅是露出个锥子尖。"平原君听了这话，便带着毛遂一同前往楚国。

文苑

所长，毛遂自荐，我高增福毛遂自荐地担负起这组织捐扫帚脚力的责任，他就开始有意识地锻炼自己的组织能力了。

——柳青

当大媒好了！事情是越快办越好，睡长梦多！

——老舍

"留在"成语中的古人

●班姬辞辇

释义：班姬，西汉成帝的妃子班婕妤。用于称颂妃嫔贤淑，虽得到宠幸，却能谦虚自抑。

成帝游于后庭，尝欲与婕妤同辇载，婕妤辞曰："观古图画，贤圣之君皆有名臣在侧，三代末主乃有嬖女，今欲同辇，得无近似之乎！"上善其言而止。（《汉书》）

●陈蕃下榻

释义：陈蕃，东汉桓帝时期人，官至太傅，封高阳侯。徐稚到陈蕃家来，陈蕃就放下床榻来招待。后用以比喻礼遇贤德之士。

时陈蕃为太守，以礼请署功曹，稚不免之，既谒而退。蕃在郡不接宾客，唯稚来特设一榻，去则悬之。（《后汉书》）

●尾生之信

释义：尾生，《庄子》中记述的一位青年。指至死不渝的信约，也指固执而不知变通的守信。

尾生与女子期于梁下，女子不来，水至不去，抱梁柱而死。（《庄子》）

●顾曲周郎

释义：周郎，三国时期吴国的周瑜。原指周瑜精于音乐，后泛指精通或喜好音乐戏曲的人。

瑜少精意于音乐，虽三爵之后，其有阙误，瑜必知之，知之必顾，故时人谣曰："曲有误，周郎顾。"（《三国志》）

●管宁割席

释义：管宁，东汉末年至三国时期的著名隐士。比喻不与志趣不同的人为友。

管宁、华歆共园中锄菜，见地有片金，管挥锄与瓦石不异，华捉而掷去之；又尝同席读书，有乘轩冕过门者，宁读如故，歆废书出看。宁割席分坐曰："子非吾友也。"（《世说新语》）

语林小憩

一、你知道一些带有人名的成语吗？请试着写出几个吧！

二、回答下列有关成语的问题。

1. "伯乐相马"中，把自己比作千里马的人是谁？

_____

2. "毛遂自荐"中，毛遂是谁的门客？

_____

3. 周公是谁？

_____

4. "江郎才尽"中，江郎为什么会才尽？

_____

三、从第一行第一个字开始，在下列宫格中找出三个成语，并把它们连接成一条线。

不	山		落		当
闻	不	问	即		敢
可	没	其	心		不
	行	安		无	愧

高	一		母	万
散	山		上	自	阳
		流	气	千
马	水	到	渠	成	弃

大器晚成
dà qì wǎn chéng

琰从弟林，少无名望，虽姻族犹多轻之，而琰常曰："此所谓大器晚成者也，终必远至。"

——《三国志》

成语释义 大的或贵重的器物需要长时间加工方能完成。后指能干大事的人，成就比较晚。

造　　句 纵观历史，大器晚成，人到中年才有所成就的例子，不胜枚举。

近义词 老有所成

成语接龙

大器晚成 → 成事不足 → 足智多谋 → [　　　　] → 动荡不安

→ 安内攘外 → [　　　　] → 刚柔并济 → 济世之才 → [　　　　]

咬文嚼字

"大器晚成"与"后生可畏"的异同

相似点：都可用来形容人的潜能无限。

差异性：大器晚成——偏重强调一个人有所成就的时间较晚（一般形容在同水平里年龄较大的人）。

后生可畏——偏重强调年轻人有能力，具有无限可能（一般形容同水平里年龄较小的人）。

成语故事

东汉末年，魏国的尚书崔琰剑法高超，才干卓越。他的名声也因此远扬在外，被很多人称赞。崔琰有个叫崔林的堂弟。崔林跟崔琰完全不一样，他年轻的时候性格内向，不爱说话，没有太大的声望，也不受周围人看好，连亲戚朋友也瞧不起他。

在大家都觉得崔林没有一点能力，资质平平时，崔琰却不这么认为。他非常器重崔林，常常说："崔林这个人是很有潜力的。正如大的器物需要经过长时间的加工才能做成器一样，崔林将来一定会成为可用之才的。"

后来，崔林果然成为栋梁之才，成就甚至比崔琰还高。

文苑

二位先生高才久屈，他除了对局外，一直手捧棋书，孜孜不倦，这才是他所以**大器晚成**的将来定是**大器晚成**的。

——陈祖德

就是小弟这就职的事，原算不得，始终还要从科甲出身。

——吴敬梓

gōng bài chuí chéng
功败垂成

康乐才兼文武，志存匡济，淮肥之后，劲寇望之^{qíng}
（强劲的外敌）
而土崩；涡颍之师，中州应之而席卷。方欲西平巩
洛，北定幽燕，庙算有遗，良图不果，降龄何促，功
败垂成，拊其遗文，经纶远矣。

——《晋书》

成语释义 事情在将要成功的时候遭到了失败。垂：接近，快要。

造　句 明明就要顺利完成了，却因为一颗螺丝钉导致失败，真
是功败垂成。

近 义 词 功亏一篑

反 义 词 一蹴而就

成语接龙

功败垂成 → ☐☐☐☐ → 业精于勤 → 勤政爱民 → 民殷国富

→ 富贵浮云 → ☐☐☐☐ → 里出外进 → 进退两难 → ☐☐☐☐

咬文嚼字

"功败垂成"与"功亏一篑"的异同

相似点：都可用来形容在快成功时失败了。

差异性：功败垂成——在接近成功的时候失败，更强调与成功的
距离。

功亏一篑——失败的原因在于只差最后一点努力，更强调
努力的程度。

成语故事

谢玄，是谢安的侄子。他是晋代的一员大将。在淝水之战中，谢玄把符坚打得落花流水，节节败退。他原本准备乘胜追击，实现统一北方的心愿，但后来突然因病去世。

《晋书》对谢玄作了很高的评价：

"谢玄文武全才，有匡济天下的志向。经过淝水一战，敌人遇到他就会土崩瓦解。他率领精锐的军队，准备收复北方，但老天没有给他充足的时间，让他在宏图伟业即将完成时去世了。我摸着谢玄的遗文，可以清晰地感受到他的宏图大志，这是多么令人惋惜啊！"

文苑

况且十二道金牌，他这句名言的创作者未必不知道是假的，是楚霸王项羽，但何必就班师回去，以他自己功败垂成，致功败垂成。并没有做到。

——吴趼人

——柯灵

míng liè qián máo
名列前茅

荆尸而举，商、农、工、贾不败其业，而卒乘辑
睦，事不奸矣。苪敖为宰，择楚国之令典，军行，右
辕，左追蓐（草席），前茅虑无，中权，后劲。百官象物而
动，军政不戒而备，能用典矣。

——《左传》

成语释义 古代楚国军队行军时，前哨如遇敌情，则举茅草发出警报。后用来指名次排在前面，形容成绩优异。

造　　句 这个孩子领悟力高，成绩总是名列前茅。

近 义 词 首屈一指　出类拔萃

反 义 词 名落孙山

成语接龙

名列前茅 → 茅塞顿开 → 开合自如 → ▢▢▢▢ → 漆黑一团

→ 团头聚面 → ▢▢▢▢ → 色授魂与 → 与民同乐 → ▢▢▢▢

咬文嚼字

"名列前茅"与"出类拔萃"的异同

相似点： 都可用来形容人非常优秀。

差异性： 名列前茅——偏重强调排名靠前，一般指成绩。

出类拔萃——偏重强调超出同类之上，且多指人的品德才能。

成语故事

春秋时期，楚庄王领兵攻打郑国。晋军的中军统帅荀林父领兵前往援助郑国。当他们听说郑国已同楚国讲和时，就觉得没有必要再去援助郑国了，于是荀林父打算将晋军撤回去。上军统帅士会同意荀林父的做法，并具体分析了其中的利弊。他认为，楚国的德、刑、政、事、典、礼这六项都很遵守律令规则，这样看来，楚国的实力很强，跟楚国作对并不是一个明智的选择。

说到楚国的军队实力时，士会说："楚国的蒍敖做令尹，选择实行对楚国好的典章法度。行军的时候，右军一直跟着主帅的兵车随从保护；左军打草编席为休息做准备；前军负责侦察敌情，把茅草当成旌旗，给军队提供信号；中军负责谋划制胜的方法；后军则派训练有素的精锐士兵来镇守。百官必须根据各种旗帜所表明的意思指挥行动，军中政令不待下达警戒，士兵们都已有所防备。总之，楚国已经能正确地运用行军策略了。"

文苑

赵君名列前茅，然总而言之，我正在推毂者尚有人，非扎扎实实地准备着哪，我一定要考好，要力争名列前茅。

——张承志

敢谓青萍之末而助扶摇也。

——姚希孟

名落孙山

míng luò sūn shān

吴人孙山，滑稽才子也。赴举他郡，乡人托以子偕往。乡人子失意，山缀榜末，先归。乡人问其子得失，山曰："解名尽处是孙山，贤郎更在孙山外。"

——《过庭录》

成语释义 指考试或选拔没有被录取。

造 句 虽然他学习非常努力，但因为没掌握好方法，依然在考试中名落孙山。

近义词 榜上无名

反义词 名列前茅

成语接龙

名落孙山 → ⬜ → 秀外慧中 → 中流砥柱 → 柱石之坚
→ ⬜ → 摧枯拉朽 → 朽木难雕 → 雕虫小技 → ⬜

咬文嚼字

"名落孙山"与"一败涂地"的异同

相似点：都可用来形容失败。

差异性：名落孙山——偏重强调排名落后，主要用于成绩等具有排名的场合。

一败涂地——偏重强调结局失败，不一定需要与别人比较或者有排名。

　　宋代有一个叫孙山的人，他非常幽默，经常说出一些让人捧腹大笑的话。但同时孙山也是一个非常有才华的才子。有一年，孙山去参加科举考试，一位同乡就拜托孙山带他的儿子一道去参加考试。

　　考完试，到了发榜的日子，同乡的儿子没有考上，孙山考上了，他的名字登在金榜的最后。孙山看完榜回到了家里，同乡向孙山打听自己儿子的成绩："我的儿子成绩如何，他有考上吗？"孙山不好意思直说，又不好隐瞒，就诙谐地回答："榜上最后一名是我孙山，您儿子的名字还在我之后呢。"

　　名字落在了孙山的后面，也就是没有考上。

重蹈覆辙
chóng dǎo fù zhé

伏寻西京放恣王氏，佞臣执政，终丧天下。今不虑前事之失，复循覆车之轨，臣恐二世之难，必将复及，赵高之变，不朝则夕。

——《后汉书》

成语释义 再走翻过车的老路。比喻不吸取失败的教训，重犯以前的错误。

造　　句 如果在失败后不总结教训，依然固执己见，结果便是重蹈覆辙。

反义词 前车可鉴

成语接龙

重蹈覆辙 → 辙乱旗靡 → 靡靡之音 → _____ → 貌合神离

→ 离经叛道 → 道听途说 → _____ → 长驱直入 → _____

咬文嚼字

是"蹈"不是"倒"

蹈，有"踩、践、踏"的意思；覆辙，指曾经翻车的路，比喻过去失败的做法或前人失败的教训。重蹈覆辙的意思是重新走以前翻过车的路，其中"蹈"便用的是"踩、踏"之意，因此用"蹈"而不是"倒"。

成语故事

永康元年（公元167年），士人集团的代表人物李膺、杜密等人受宦官诬陷，被定为叛乱的党人。汉桓帝下令将他们逮捕入狱。窦武上书汉桓帝，进行劝谏。

窦武说："回想在西京长安时，那些阿谀奉承的官员掌控朝廷大权，最终失去了天下。现在如果不从以前的种种失误中吸取教训，依然按着以前失败过的老路向前走，我担心当年秦朝奸臣赵高杀死秦二世胡亥的祸乱还会再次发生。像赵高一样的人所发动的政变，迟早会再次到来。"

窦武继续说："近年来奸臣欺上瞒下，制造了种种冤假错案。如果您逮捕了李膺、杜密等人，无疑会使天下百姓感到寒心。希望陛下能够主持正义，信任忠良的人，不要受奸佞的影响，放了李膺、杜密等人。"

汉桓帝听从了窦武的建议，下令释放了李膺、杜密等人。这就是桓帝时期发生的第一次党锢之祸。

科举小常识

　　科举制作为我国古代选拔官员的重要方式，从隋朝开始到清朝结束，有一千三百年的历史。科举制随着朝代的更迭而不断发展，因此在不同时期其具体内容也不一样。以明清两个朝代的科举制度为例：

　　参加科举考试的人要先参加童试，童试包括县试、府试、院试三个阶段。通过县试、府试的，无论年龄大小，都被称为"儒童"或"童生"。通过院试的人被称为"生员"，也就是我们常说的"秀才"。秀才也被分为三等，成绩排在最前的叫"廪生"，他们所吃的粮食由公家按月发给；其次叫"增生"，没有粮食提供。"廪生"和"增生"名额有限；然后是"附生"，即附学生员。只有取得秀才资格的人，才能够参加正式的科举。

　　正式科举分乡试、会试、殿试三个等级。乡试每三年在各省省城举行一次，又被称为"大比"。考中乡试的人被称为"举人"，举人中的第一名叫"解元"，第二名叫"亚元"。会试则在乡试后的第二年春天举行，取中会试的人叫"贡士"，贡士中的第一名叫"会元"。

　　殿试由皇帝亲自主持，只有贡士才可以参加。录取的时候分"三甲"，一甲有三个人，赐进士及第，其中第一名叫"状元"，第二名叫"榜眼"，第三名叫"探花"。二甲赐进士出身；三甲赐同进士出身，二甲、三甲第一名都叫"传胪"。

　　综上所述，想要成为状元，一般要经过四个阶段：

　　①童试：是取得生员资格的入学考试，通过的人叫秀才。

　　②乡试：每隔三年在各省省城举行，秀才可以参加，考中的人叫举人。

　　③会试：乡试后次年春天在京城进行，举人可以参加，第一名称会元。

　　④殿试：会试合格后就可以参加由皇帝亲自主持或钦命大臣代理主持的殿试，合格的统称进士。殿试一甲第一名就叫状元。

语林小憩

一、成语之"最"——根据意思填入本单元学过的合适的成语。

最可惜的事情：_____

最有潜力的人：_____

二、照样子把成语补充完整，再写出一个新的成语。

例：（寸）土必争，（草）木皆兵——（寸草不生）

	大方方，		宇轩昂——	
	败垂成，		双成对——	
	涎三尺，		头是道——	
	机可乘，		终如一——	

三、看图猜成语。

名

孙

yì huī ér chéng
一挥而成

年二十举进士，对策集英殿。时理宗在位久，政理寖怠，天祥以法天不息为对，其言万余，不为稿，一挥而成。帝亲拔为第一。

寖 jìn（渐渐）

——《宋史》

成语释义　一动笔就完成了。形容才思敏捷。挥：挥笔。

造　　句　写作时一挥而成的功力需要日积月累才可习得。

近 义 词　一挥而就　一气呵成

反 义 词　千锤百炼

找 规 律　一蹴而就　一哄而散　一扫而光　一概而论

成语接龙

一挥而成 → 成败论人 → 人头攒动 → ＿＿＿＿＿ → 情有独钟

→ 钟鸣鼎食 → ＿＿＿＿＿ → 腹心之疾 → 疾风骤雨 → ＿＿＿＿＿

咬文嚼字

"一挥而成"与"一蹴而就"的异同

相似点：都可用来形容某件事情完成得又快又好。

差异性：一挥而成——强调完成的过程很通畅，不被打断。

一蹴而就——强调速度很快，多用于否定句式。例如：成功不可能一蹴而就。

成语故事

南宋大臣文天祥身材高大，仪表堂堂。小的时候，他见到学宫里供奉着欧阳修、胡铨的画像，而他们的谥号里都有"忠"字，便非常羡慕地说："如果我死后不能被供奉在这里，那就不是个大丈夫啊。"

二十岁时，文天祥到南宋都城临安（今杭州）去赶考，考中进士后在集英殿回答皇帝的策问。当时的宋理宗在位已久，疏于政事，荒于朝纲。文天祥就以"遵守天道，勤奋不息"为题，回答皇帝的策问，希望能够针砭时弊，对皇帝进行规劝。他一下子就写了一万多字，不打草稿，一挥而成。宋理宗非常震惊，并对他的才能表示赞许，亲自选他为第一名。

一暴十寒
yí pù shí hán

孟子曰："无或乎王之不智也，虽有天下易生之物也，一日暴之、十日寒之，未有能生者也。吾见亦罕矣，吾退而寒之者至矣，吾如有萌焉何哉？"

——《孟子》

成语释义　即便是世上最容易生长的东西，晒它一天，冻它十天，也不可能生长。比喻学习或做事一时勤奋又一时懈怠，没有恒心。

造　　句　用一暴十寒的态度去学习，怎么能有收获？

近 义 词　半途而废

反 义 词　锲而不舍

成语接龙

一暴十寒 → ☐ → 月白风清 → 清汤寡水 → 水深火热

→ 热火朝天 → ☐ → 双宿双飞 → 飞蛾投火 → ☐

咬文嚼字

"一暴十寒"还是"一曝十寒"？

　　"一暴十寒"与"一曝十寒"两种表达方式都对。"暴"，意为"晒"；"曝"为"暴"的分化字（见《广韵》），即两个字原本为同一字，所以在这个成语中，两个字可以通用。要注意的是，不管是"暴"还是"曝"，在这里都读pù。

成语故事

战国时期，孟子对齐王为君昏庸，做事情毫无原则，轻信奸佞的做法非常不满。

他说："大王实在是太不明智了，然而这并不值得责怪。试想一下，就算是有普天之下最有生命力的一种植物，让它晒一天阳光，然后又让它冻十天，那么就算它生命力再怎么旺盛，也是不可能生长的。我和大王相见相谈的时间太少了，我一告退离开，那些非仁非义的奸小就会再次涌到他的身边。这样，我即使让大王有所触动又能怎么样呢？"

一衣带水
yì yī dài shuǐ

隋文帝谓仆射高颎曰："我为百姓父母，岂可限
一衣带水不拯之乎？"命大作战船。

——《南史》

成语释义 像一条衣带那样宽的水。原形容水面狭窄，后也形容仅
一水之隔，来往方便。

造　　句 这两个国家是一衣带水的邻邦，理应和睦相处。

近 义 词 近在咫尺　一水之隔

反 义 词 天各一方　天南海北

成语接龙

一衣带水 → 水落石出 → [　　　] → 意气用事 → 事关重大
→ 大庭广众 → [　　　] → 知白守黑 → 黑云压城 → [　　　]

咬文嚼字

"一衣带水"与"一水之隔"的异同

相似点：都有距离近的意思。

差异性：一衣带水——偏重于讲关系的密切，强调水无法阻隔
交往。

一水之隔——偏重水的阻隔作用，有因为一条水的阻隔而
交往不便的意思。

成语故事

隋文帝杨坚有志于统一天下，准备对江南的陈朝征伐。杨坚对手下的仆射高颎说："我们跟陈国之间仅仅隔着一条狭窄的长江。我作为天下百姓的父母，本就应该前去保护他们，总不能因为中间有一条长江就放弃他们吧？"因此，他下令开始修建战船，准备渡江灭陈。

第二年，隋文帝开始筹划渡江攻陈。陈后主认为有长江天险，隋军不会南下。于是，他仍旧沉湎于酒色，对长江告急的文书不闻不问。结果，隋兵攻入陈都建康，俘获了陈后主。陈由此灭亡。

一败涂地

yí bài tú dì

刘季曰："天下方扰，诸侯并起，今置将不善，一败涂地。吾非敢自爱，恐能薄，不能完父兄子弟。此大事，愿更相推择可者。"

——《史记》

成语释义 多形容失败惨重，不可收拾。

造　　句 由于球队主将状态不佳，这次比赛他们输得一败涂地。

近 义 词 一蹶不振

反 义 词 势如破竹

找 规 律 肝胆涂地　肝脑涂地　生灵涂地

成语接龙

一败涂地 → 地动山摇 → ☐☐☐☐ → 晃晃悠悠 → 悠闲自在

→ 在水一方 → 方方面面 → ☐☐☐☐ → 非同小可 → ☐☐☐☐

咬文嚼字

"一败涂地" 与 "萎靡不振" 的异同

相似点： 都可用来形容失败或遭到挫折的状态。

差异性： 一败涂地——偏重强调失败的惨痛及既定结局的无法挽回。

萎靡不振——偏重强调遭到打击后意志消沉的状态。

成语故事

公元前209年，陈胜、吴广起义后，各地郡县的百姓杀死长官，纷纷响应。沛县县令非常害怕，想以沛县响应陈胜，一来保全自己，二来投机起义。萧何、曹参对他提建议，说："您身为秦朝的官吏，现在要叛秦起事，率领沛县子弟，恐怕他们不愿听命。您可以召集一些逃亡在外的人，到时候利用他们胁持群众，群众就不敢不听您的命令。"于是，县令就派人去召唤有几百人队伍的刘邦。

刘邦来到沛县，县令又反悔了。他紧闭城门，不让刘邦进城而且还打算杀掉萧何、曹参。萧何、曹参知道后便偷偷翻过城墙去依附刘邦了。刘邦把一封信绑在箭杆上射往城里，他在信中鼓动城里百姓杀掉县令。城里百姓对刘邦很信服，纷纷响应刘邦，杀掉了县令，把城门打开，迎接刘邦进城，还请他当沛县县令。刘邦推辞说："现在天下正是混乱的时候，各地诸侯纷纷起兵，要是没有选到合适的首领，一旦失败，就没有了重来的机会。我对自己的生命并不是很吝惜，只是我的能力薄弱，怕会辜负大家的期望。这是件大事，还是请大家另选高明吧！"

但刘邦后来没能推辞掉大家的盛情，最后成为沛县令。

文苑

三爷道："四奶奶这话有理。我现在知道中间还有圈套，那就简直不能做了！况且此番一败涂地，我已周转不来——不过，慎来——不过，慎奄，你呢？

——张爱玲

决不至于弄得一败涂地！

——茅盾

一鸣惊人

yì míng jīng rén

> 王曰："此鸟不飞则已，一飞冲天；不鸣则已，一鸣惊人。"于是乃朝诸县令长七十二人，赏一人，诛一人，奋兵而出。诸侯振惊，皆还齐侵地。
>
> ——《史记》

成语释义 比喻平时没有突出的表现，一下子做出惊人的成绩。

造　　句 他平时表现平平，为人低调好静，没想到这次参加朗诵比赛，竟然一鸣惊人，获得了冠军。

近 义 词 一举成名

成语接龙

一鸣惊人 → ☐☐☐☐ → 往事如烟 → 烟雾缭绕 → 绕梁三日
→ 日日夜夜 → 夜郎自大 → ☐☐☐☐ → 小桥流水 → ☐☐☐☐

咬文嚼字

"一鸣惊人"与"一步登天"的异同

一鸣惊人　　　　　　　　一步登天

强调成绩惊人的程度，含褒义。　指让人没有轻易察觉到的成绩。　成功的跨度大，一下子就达到顶峰，含讽刺意味。

成语故事

齐威王时期，齐国朝政混乱，其他诸侯国都在这时借机侵略齐国，齐国一时危在旦夕。当时，齐国大臣们很害怕荒淫无度、不理朝政的齐威王，没有人敢冒着生命危险向他进谏。

有一个能言善辩的人，叫淳于髡。他知道齐威王喜欢谜语，就准备借说谜语的机会劝诫齐威王。他对齐威王说："国内有一只大鸟，一直住在大王的院子里，三年不飞翔，也不鸣叫。请问大王，您怎么看这只鸟儿呢？"

齐威王察觉到淳于髡的意图，于是说："这只鸟不飞则已，一飞必定飞到高空；它不叫便罢，一叫就会发出响彻云天的声音。"

说罢，齐威王便召来全国七十二县的县令，依照他们的政绩进行赏罚，并且派兵对抗侵犯的诸侯。其他诸侯国见齐威王一反常态，十分惊慌，纷纷把侵占的土地退还给齐国。

数字与成语

三皇五帝

三皇：伏羲、燧人、神农，也指天皇、地皇、人皇。

五帝：黄帝、颛顼、帝喾、唐尧、虞舜。

三纲五常

三纲：君为臣纲、父为子纲、夫为妻纲。

五常：仁、义、理、智、信。

三教九流

三教：儒教、佛教、道教。

九流：儒家、道家、阴阳家、法家、名家、墨家、纵横家、杂家、农家。

四书五经

四书：《论语》《大学》《中庸》《孟子》。

五经：《周易》《尚书》《诗经》《礼记》《春秋》。

五福临门

五福：寿、富、康宁、攸好德、考终命。

六神无主

六神：道教指所谓主宰人体的心、肺、肝、肾、脾、胆六脏的神灵。

六亲不认

六亲：父、母、兄、弟、妻、子。

八仙过海

八仙：汉钟离、张果老、韩湘子、铁拐李、吕洞宾、何仙姑、蓝采和及曹国舅。

语林小憩

一、请按顺序依次写出含有"一、二、三、四、五、六、七、八、九"的成语。

二、选择正确的选项。

1. 以下不属于"五经"的是（　　　）。

A.《诗经》　B.《乐经》　C.《春秋》　D.《礼记》

2. 成语"一衣带水"中的"水"原本指的是（　　　）。

A. 长江　　　B. 黄河　　　C. 鸭绿江　　D. 汾河

3. 成语典故"一挥而成"的主角是（　　　）。

A. 刘邦　　　B. 文天祥　　C. 平原君　　D. 司马相如

三、从下列宫格中各识别出两个成语。

一	马	当
鸣	就	先
蹴	而	一

三	五	意
四	心	二
海	湖	八

釜底抽薪

fǔ dǐ chōu xīn

卓得召，即时就道。并上书曰："中常侍张让等窃幸承宠，浊乱海内。臣闻扬汤止沸，莫若去薪；溃痈虽痛，胜于内食。"

yōng
（毒疮）

——《后汉书》

成语释义 把柴火从锅底抽掉，才能使水止沸。比喻从根本上解决问题，也指暗中破坏。

造　　句 要解决此路段长时间堵车的问题，还得釜底抽薪，拆除路障，拓宽道路。

近 义 词 抽薪止沸

反 义 词 扬汤止沸

成语接龙

釜底抽薪 → 薪火相传 → _____ → 代人受过 → 过关斩将

→ 将遇良才 → 才艺卓绝 → 绝顶聪明 → _____ → _____

咬文嚼字

"釜底抽薪"与"一劳永逸"的异同

相似点：都用来指解决问题。

差异性：釜底抽薪——偏重强调从源头彻底解决问题。

一劳永逸——偏重强调一次把事情办好，以便之后不再费力。

成语故事

东汉时期，何进与袁绍密谋想要除掉朝中的宦官，而太后等人坚决反对何进等人的行动。何进便私下给董卓写信，要董卓带兵入京，想以此来威胁太后。

董卓抓住这次机会，想要拥兵夺权，他一边朝着京城进发，一边上书给朝廷：中常侍张让等人借着太后和陛下的宠幸为非作歹，扰乱朝政，祸国殃民。臣听说把开水从锅中舀出来，再倒回去，可以防止锅中的水沸腾，但是这样做还不如直接把柴火抽出来更为有效。古时晋臣赵鞅曾率领兵马进入京城，铲除了朝中佞臣，如今我也要敲响钟鼓来到洛阳，讨伐这些乱臣贼子。

入室操戈

rù shì cāo gē

时任城何休好《公羊》学，遂著《公羊墨守》《左氏膏肓》《穀梁废疾》；玄乃发《墨守》，针《膏肓》，起《废疾》。休见而叹曰："康成入吾室，操吾矛，以伐我乎！"

——《后汉书》

成语释义 到我的屋里，拿起我的武器攻击我。比喻引用对方的论点反驳对方。也作"操矛入室"。操：持，拿。戈：古代的一种兵器。

造　　句 他非常有辩论的天赋，入室操戈，一下就把对方驳得哑口无言。

近 义 词 以子之矛，攻子之盾

成语接龙

入室操戈 → 割据一方 → 方外之人 → ⬚ → 少不更事 → 事不过三 → 三心二意 → ⬚ → 投机取巧 → ⬚

咬文嚼字

"弋"？"戈"！

戈，多指古代的一种兵器，横刃，用青铜或铁制成，装有长柄；弋，读yì，作名词时，指用来射鸟的带绳子的箭。两个字字形相似但字义不同，要区分记忆。

　　后汉时期，有一位名叫郑玄的著名经学家。他从小喜欢学习，非常勤奋。太守杜密觉得他是个可塑之才，就推荐他进入太学读书。后来，郑玄又拜大文学家马融为师。郑玄求知若渴，认真不懈怠，所以当郑玄学成离开时，马融感慨地说："郑玄走了，我全部的学识也被他带走了。"

　　离开马融后，郑玄在家里继续勤奋地研学。他和一起研究经学的何休是好友。何休写了《公羊墨守》《左氏膏肓》《穀梁废疾》三篇文章。郑玄读完后，对于何休的见解不是很赞同，就写了《墨守》《膏肓》《废疾》三篇文章来反驳他。何休读完郑玄的文章，发现郑玄是利用自己文章里的观点来反驳自己，并且反驳得有理有据，让人无法辩驳，就感慨地说："你这就像是进入我的屋子，拿起我的武器向我进攻啊！"

孤注一掷
gū zhù yí zhì

钦若曰:"陛下闻博乎?博者输钱欲尽,乃罄所有出之,谓之孤注。陛下,寇准之孤注也,斯亦危矣。"由是帝顾准浸衰。

——《宋史》

成语释义 比喻用尽全力冒险一搏,以求侥幸成功。孤注:赌博时把所有的钱一次投作赌注。

造　　句 事已至此,只有孤注一掷了。

近义词 破釜沉舟

反义词 瞻前顾后

成语接龙

孤注一掷 → 掷果盈车 → [　　　　] → 龙生九子 → 子虚乌有
→ [　　　　] → 力不从心 → 心不由意 → 意气飞扬 → [　　　　]

咬文嚼字

"孤注一掷"与"铤而走险"的异同

相似点:都可用来指走投无路的情况下所采取的措施。

差异性:孤注一掷——偏重强调"掷",即走投无路,做最后一搏。

铤而走险——偏重强调"险",即要做的事情要冒很大的风险,并且所做的一般是坏事。

成语故事

宋真宗年间，辽军南下。北宋大臣寇准大力主张真宗御驾亲征，进驻澶州，促使双方订立了"澶渊之盟"。宋王朝因此避免了迁都南逃的命运。

寇准对自己的这份功劳感到十分得意，宋真宗也因此很重视寇准。可是，大臣王钦若却对寇准十分嫉恨。有一次朝会后，寇准先退朝，王钦若乘机对真宗说："澶渊的那次战役，陛下不仅不觉得羞耻，还觉得寇准是个大功臣，这是什么道理？"真宗对王钦若的话感到诧异，说："你这是什么意思？"王钦若回答说："辽军兵临城下而被迫订立盟约，这是《春秋》一书中摒斥的城下之盟啊。您以至高无上的大国皇帝的身份，同辽邦签订城下之盟，难道还不够羞耻吗！"真宗听后脸色顿变，很不高兴。王钦若又说："陛下知道赌博吧，当赌徒的钱快花光时，会把所有的钱都拿出来做最后一搏，这叫孤注。陛下，寇准是把您当成了孤注啊！"从此，真宗便冷落了寇准。

文苑

无如他被全台的公愤，逼迫得没有回旋余地，只好挺身而出，作孤注一掷了。

——曾朴

款子还没汇来，可是我们要放手干一干！——哦，那么老赵也是孤注一掷了，半斤对八两！

——茅盾

先发制人
xiān fā zhì rén

秦二世元年，陈胜起。九月，会稽假守通素贤梁，乃召与计事。梁曰："方今江西皆反秦，此亦天亡秦时也。先发制人，后发制于人。"

——《汉书》

成语释义 指战争中的双方，先发动的处于主动地位，可以控制对方。后也泛指争取主动，先动手来制服对方。

造　　句 历史上，采用先发制人的战术获得胜利的例子有很多。

近 义 词 先声夺人

反 义 词 后来居上

成语接龙

先发制人 → 人五人六 → 六道轮回 → 回肠荡气 → ▢

→ 千千万万 → ▢ → 失而复得 → 得意忘形 → ▢

咬文嚼字

"先发制人"与"先下手为强"的异同

相似点： 都可用来指抢先下手处于主动地位。

差异性： 先发制人——偏重抢先一步制服对方，强调结果。

先下手为强——偏重抢先占据优势，强调抢先行动。

成语故事

秦末大乱，各地出现起义，会稽郡的长官殷通非常欣赏项梁的才能，就请来项梁一起商议起义之事。

项梁说："现在长江西边的人都举兵反秦，眼下就是推翻秦王朝的最好时机！先动手就能制服别人，后动手就要被人家制服啊。"殷通长叹一声，说："我听说你家世代都是很有名望的将军，你是能干大事的。我想发兵响应起义军，让你和桓楚来率领军队，只是不知道桓楚现在哪。"项梁并不愿做殷通的部属，于是他灵机一动，说："我的侄子项羽知道他在哪里，我叫他进来问问。"于是，项梁出去偷偷吩咐项羽，叮嘱他，伺机杀掉殷通。然后叔侄俩走进房间，项羽便趁着殷通不注意时杀了他。

项梁取殷通而代之，自己做了会稽郡的长官，就此发动吴中之兵起义。

文苑

虽闻虏主孱而妄弱，岂无强梁宗属，与夫谋臣策士，引先发制人之说，造此衅端？

——邵伯温

没有成果也不要紧，只是得先发制人，别等人家来指摘，该自己先来个批评。

——杨绛

暗度陈仓

àn dù chén cāng

八月，汉王用韩信之计，从故道还，袭雍王章邯。邯迎击汉陈仓，雍兵败，还走；止战好畤，又复败，走废丘。

——《史记》

成语释义 将真实的意图隐藏在表面的行动背后，在暗中采取另一种行动达到目的。也作"明修栈道，暗度陈仓"。

造　　句 他说是要离开，实际上却暗度陈仓，躲在角落观察别人的一举一动。

近 义 词 声东击西　移花接木

反 义 词 明目张胆

成语接龙

暗度陈仓 → 仓皇失措 → _____ → 及时行乐 → 乐极生悲

→ 悲欢离合 → _____ → 一心一意 → 意出望外 → _____

咬文嚼字

"暗度陈仓"与"移花接木"的异同

相似点： 都可用来指暗中采取活动。

差异性： 暗度陈仓——强调暗中活动迷惑敌人。

移花接木——强调暗中用手段更换人或事物来欺骗别人。

成语故事

秦朝末年，为了让项羽放松警惕，刘邦在退兵时特意把汉中通往关中的栈道全部烧毁，想让项羽觉得自己不会再回来。后来，刘邦逐渐强大起来。韩信向刘邦献计：军中的兵士们大都是崤山以东的人，他们日夜盼望回到故乡，应该趁他们心气极高的时候，向东出征，与诸侯争夺天下。

当年的八月，刘邦采用韩信的计策，按原路返回关中，袭击雍王章邯。出征前，韩信表面上派士兵修复被烧毁的栈道。在这个地方驻守的雍王章邯得知后不屑一顾："韩信这小子竟然派人重修几百里栈道，他什么时候才能修完啊？"然后他一边让人时刻关注修复栈道的事情，一边派主力部队在这条路线的各个关口严加防守。然而韩信的真实意图并不在这几百里栈道，而在另一处战略要地——陈仓！就在章邯嘲讽之时，韩信已悄悄派出士兵前往陈仓进行突袭。等章邯明白过来韩信的计谋时，也只能在陈仓慌忙应战。章邯的军队大败，只得退兵，在好畤停下来再战，却又被打败，最后逃往废丘。

文苑

事情许一不许二。如臣已算定今番诸葛亮必效韩信暗度陈仓之计。臣举一人往陈仓道口，筑城守御，万无一失。

——罗贯中

今就是老孙、祝麻子见哥也有几分惭愧。此是哥明修栈道，暗度陈仓的计策。

——兰陵笑笑生

成语方法论

安内攘外：原指甘草能安定体内机能，抵御外病侵入。后形容安定国家内政，抵御外敌入侵。

甘草甘平，有安内攘外之能。（《伤寒论》）

先礼后兵：先按照礼仪与对方交涉，行不通后，再用强硬的手段或武力对付。

刘备远来救援，先礼后兵，主公当用好言答之，以慢备心，然后进兵攻城，城可破也。（《三国演义》）

触类旁通：掌握了解某一事物的变化、趋势及规律，从而类推出同类的其他事物的变化、趋势及规律。

引而伸之，触类而长之，天下之能事毕矣。（《周易》）

举一反三：比喻从一件事情类推而知道其他许多的事情。

举一隅不以三隅反，则不复也。（《论语》）

见机行事：看适当的时机就行动，也指根据情况变化灵活处理。

因而悄悄走来，见机行事，以察二人之意。（《红楼梦》）

先声夺人：指先张扬自己的声势来压倒对方。也比喻做事情抢先一步。

既不受矣，而复缓师，秦将生心，先人有夺人之心，军之善谋也。（《左传》）

一劳永逸：辛苦一次，把事情办好，以后就可以不再费力了。

此物长生，种者一劳永逸。（《齐民要术》）

快刀斩乱麻：比喻做事果断，能采取坚决有效的措施，快速解决复杂的问题。

高祖尝试观诸子意识，各使治乱丝。帝独抽刀斩之，曰："乱者须斩！"（《北齐书》）

语林小憩

一、选择正确的选项。

1. 以下不能从根本上解决问题的是（　　　）。

A. 釜底抽薪　　　B. 抽薪止沸　　　C. 扬汤止沸　　　D. 刮骨去毒

2. 下列成语书写错误的一项是（　　　）。

A. 大动干戈　　　B. 入室操戈　　　C. 戈兔与雁　　　D. 止戈为武

二、成语找朋友。将下列成语与它的近义词连起来。

先发制人	釜底抽薪
孤注一掷	易如反掌
抽薪止沸	破釜沉舟
轻而易举	先声夺人

三、请尝试画出"暗度陈仓"的画面。（要有人物及地名标注）

前倨后恭
qián jù hòu gōng

苏秦之昆弟妻嫂侧目不敢仰视，俯伏侍取食。苏秦笑谓其嫂曰："何前倨而后恭也？"嫂委蛇蒲服，以面掩地而谢曰："见季子位高金多也。"

——《史记》

成语释义 以前傲慢，后来恭敬，对人的态度完全改变。形容人势利，待人的态度因其地位的变化而前后不一。

造　句 一听到她说要买下这几件衣服，导购员立刻便笑脸相迎，这种前倨后恭的态度真让人不舒服。

近义词 趋炎附势

反义词 一如既往　一视同仁

找规律 前仆后继　前仰后合　前呼后拥　前因后果

成语接龙

前倨后恭 → 恭恭敬敬 → 敬若神明 → ＿＿＿＿ → 非长是短

→ 短中取长 → ＿＿＿＿ → 贵人多忘 → 忘恩负义 → ＿＿＿＿

咬文嚼字

傲慢的人不"鞠躬"

倨，读音为jù，不可读作jū，在古代本义为傲慢，同"踞"，即伸开脚坐着，是一种不雅的表示轻蔑的姿势。鞠，有弯曲的意思；鞠躬，则有小心谨慎或弯身行礼之意。本成语表示的是前后态度的变化，因此要用"倨"而不用"鞠"。

成语故事

战国时期，苏秦拜纵横家鬼谷子为师，学习纵横之术。学成之后，他便开始周游列国，想要说服六国一同抗秦。说服六国谈何容易，苏秦历尽艰辛终于做到了。他身挂六国相印，在诸侯国中很受尊敬。

有一次，苏秦正往北走，想要去赵国找赵王通报情况。路过洛阳时，各国的诸侯都派人来送苏秦。苏秦的兄弟妻嫂也在路边跪着侍奉饮食，不敢抬头。苏秦笑着对嫂子说："为什么你之前对我傲慢，现在却这么尊敬啊？"嫂子趴在地上，向前爬了两步，脸都要擦到地上了，她颤抖着声音回答："因为现在小叔子地位高贵，还有这么多金银财宝！"苏秦长叹一口气："同样都是我，富有时亲戚害怕，贫穷时亲戚都看低，何况其他人呢！要是我当初在洛阳郊外有二顷田的话，现在哪能身挂六国相印呢！"

趾高气扬

zhǐ gāo qì yáng

十三年春，楚屈瑕伐罗，斗伯比送之。还，谓其御曰："莫敖必败。举趾高，心不固矣。"遂见楚子曰："必济师。"楚子辞焉。

——《左传》

成语释义 走路时脚抬得很高，神气十足。形容骄傲自满，傲视他人，得意忘形的样子。

造　　句 就因为得了一次满分，他就趾高气扬起来，走路的时候都不屑于跟别人打招呼了。

近 义 词 目空一切

反 义 词 奴颜婢膝

成语接龙

趾高气扬 → [　　　　　] → 气吞湖海 → 海阔天空 → 空穴来风 → [　　　　　] → 暖衣饱食 → 食不厌精 → 精疲力尽 → [　　　　　]

咬文嚼字

"趾高气扬"与"得意忘形"的异同

相似点：都可用来形容人得意后态度发生改变。

差异性：趾高气扬——强调得意之后傲慢自大的样子。

得意忘形——强调得志后失去常态。

成语故事

春秋时期，楚国派屈瑕率兵攻打罗国，楚国令尹斗伯比前去送屈瑕。送完屈瑕后，斗伯比在返回的路上对侍从说："莫敖（楚国官名，这里指屈瑕）这次出行肯定不会成功。他走路时把脚抬得很高，看来他的心态不是很沉稳啊！"接着，斗伯比觐见楚王时说："这次进攻罗国一定要增派军队。"楚王没有理会，但他把斗伯比说的话告诉了宠妃邓曼。邓曼说："在我看来，斗伯比应该是在暗示你，莫敖前年在蒲骚的战役中获胜，这次出行一定会感到自满，从而看不起罗国。君主如果不赶快鞭笞他、督察他，他一定会出问题！"楚王于是派人去追赶屈瑕，可惜最后没有追上。后来，楚军果然战败。

文苑

一班新进学校的同学，都是趾高气扬的青年，只有他，貌很柔和，人很谦逊。

——郁达夫

看他那趾高气扬，有恃无恐的神气，可以估计到老徐，和比老徐还大的人物，仍旧很健康，很结实。

——李国文

jí è rú chóu
疾恶如仇

咸字长虞，刚简有大节。风格峻整，识性明悟，疾恶如仇，推贤乐善，常慕季文子、仲山甫之志。好属文论，虽绮丽不足，而言成规鉴。颍川庾纯常叹曰："长虞之文近乎诗人之作矣！"

——《晋书》

成语释义 指对坏人坏事如同对待仇敌一样憎恨。也作"嫉恶如仇"。

造　　句 舞台上，那位疾恶如仇、快意江湖的侠士扮演者赢得了观众们的喜爱。

近 义 词 义不容辞

反 义 词 同流合污　助纣为虐

成语接龙

疾恶如仇 → 仇人眼红 → 红光满面 → 　　　　 → 灰头土脸
→ 脸红耳赤 → 　　　　 → 拳拳之心 → 心照不宣 → 　　　　

咬文嚼字

"疾恶如仇"与"深恶痛绝"的异同

相似点：都可用来形容人非常痛恨某物。

差异性：疾恶如仇——偏重强调痛恨的对象是恶势力。

深恶痛绝——偏重强调的是痛恨的情感，对于痛恨的对象没有限定。

成语故事

　　傅咸字长虞，他为人刚正直率，待人有风度，见多识广又聪慧明达，疾恶如仇又善于推举贤能，且乐善好施。他时常仰慕季文子、仲山甫的志向。傅咸十分喜爱写文章，虽然文采不够华美，但他的言论能作为规箴之言，警醒人们。颍川的庾纯曾经感叹说："傅长虞的文章接近诗人的创作了。"后来，傅咸承袭父亲的爵位，成为太子洗马，之后又升迁为尚书右丞、司徒左长史。

　　当时，西晋统治阶级腐败。晋惠帝任用亲信，听信谗言。民间一时怨声载道，苦不堪言。傅咸屡次上书，期望能够罢免那些不为百姓做事的官吏，因此得罪了不少人。被他弹劾的那些人一起上书皇帝，要求罢免他的官职。面对这么多政敌，傅咸没有感到害怕，而是继续同他们做斗争。傅咸严正庄重，憎恨坏人坏事，对待他们就像是对待誓不两立的仇敌。

103

怒发冲冠
nù fà chōng guān

相如因持璧却立，倚柱，怒发上冲冠，谓秦王曰："大王欲得璧，使人发书至赵王，赵王悉召群臣议，皆曰'秦贪，负其强，以空言求璧，偿城恐不可得'。议不欲予秦璧。"

——《史记》

成语释义 愤怒得头发直竖，顶着帽子。形容极端愤怒。

造　　句 听到自己被别人恶意污蔑，他怒发冲冠，无心投入工作。

近 义 词 怒目切齿　怒气冲天　怒气填胸

反 义 词 欣喜若狂

成语接龙

怒发冲冠 → 冠冕堂皇 → ▢ → 土崩瓦解 → 解甲归田

→ 田夫野老 → 老眼昏花 → ▢ → 貌不惊人 → ▢

咬文嚼字

"怒发冲冠"与"勃然大怒"的异同

相似点： 都可用来形容人生气的程度非常大。

差异性： 怒发冲冠——着重强调义愤发怒，语义程度较重，多用于书面语。

勃然大怒——强调突然发怒，语义程度较轻，用于口语和书面语。

成语故事

秦王想要霸占赵国的宝物和氏璧，于是他给赵王写信，说想要用十五座城池来换这块璧。

赵国使臣蔺相如带着和氏璧前往秦国。到了秦国，蔺相如捧璧献给秦王。蔺相如看到秦王只顾和大臣姬妾传看和氏璧，提也不提十五座城池的事，于是便上前说："这璧上还有点美中不足之处，请让我指给大王看。"

蔺相如拿到和氏璧后，退后靠近柱子。他非常生气，头发都竖起来顶着帽子。他对秦王说："大王想要这块和氏璧，派人送信给赵王。赵王和大臣们商量，大家都说秦国十分贪婪，想要骗取和氏璧，所以不愿意把和氏璧带来。最后还是听了我的意见，赵王才斋戒了五天，让我带和氏璧过来。而今天大王拿到璧后态度傲慢，递给姬妾们传观，并无用城池换璧的诚意，因此我把和氏璧拿了回来。如果大王要威逼我，那么我就和和氏璧一起撞在柱子上！"

秦王只得答应斋戒五天后受璧。但蔺相如已经知道了秦王的心思，便私下让人把璧送回了赵国。

妄自尊大

wàng zì zūn dà

宾客皆乐留，援晓之曰："天下雄雌未定，公孙不吐哺走迎国士，与图成败，反修饰边幅，如偶人形。此子何足久稽天下士乎？"因辞归，谓嚣曰："子阳井底蛙耳，而妄自尊大，不如专意东方。"

——《后汉书》

成语释义 毫无根据地高看自己。指自高自大，自以为了不起。

造　　句 他妄自尊大，在工作中不屑与别人合作，以至于到最后没有人愿意与他合作。

近 义 词 目空一切　自高自大

反 义 词 妄自菲薄

成语接龙

妄自尊大 → 大音希声 → ☐☐☐☐ → 西风残照 → 照猫画虎 → ☐☐☐☐ → 尾大不掉 → 掉以轻心 → 心心相印 → ☐☐☐☐

咬文嚼字

"妄自尊大"与"夜郎自大"的异同

相似点：都可用来形容人非常得意，太过看中自己。

差异性：妄自尊大——偏重人自己狂妄的态度，而没有强调原因。

夜郎自大——偏重人自身目光短浅，见识浅薄。

106

成语故事

公元25年，刘秀称帝。不久，公孙述也在蜀地自称皇帝。隗嚣派手下的将军马援去见公孙述。马援想，自己跟公孙述是同乡好友，见了面应该会彼此以礼相待，非常和睦。然而，公孙述俨然一副皇帝做派，严格按照烦琐的礼仪来对待马援。最后，公孙述想拜马援为大将军，并封以侯位。

马援没有留下来，他对自己的宾客说："现在天下未定，公孙述不像周公一样为了迎接人才吃一顿饭三次吐出口中的食物。跟他聊大事的时候他也总是关注衣服等细枝末节，空有躯壳。这样的人怎么能成就大业呢？"

马援于是辞别公孙述，回去对隗嚣说："公孙述像没有见过世面的井底之蛙一样自大而狂妄。这个人不可靠，还不如一心一意投靠刘秀。"

文苑

水溶在轿内欠身含笑答礼，仍以世交称呼接待，并不妄自尊大。

——曹雪芹

他妄自尊大，如还妄想以为能用文字创造经典，又或以为即或不能创造当代经典，也还可以写出一点如过去人写过的，如像《史记》，三曹诗，陶、杜、白诗，苏东坡词，曹雪芹小说，实在更无根基。

——沈从文

107

形容美好品行的成语

云中白鹤：像云彩中翱翔的白鹤一般。比喻志行高洁的人。

邴君所谓云中白鹤，非鹑鷃之网所能罗矣。（《三国志》）

蕙质兰心：蕙草一样的心地，兰花似的本质。比喻女子心地纯洁，性格高雅。

金声玉韵，蕙心兰质。（《七夕赋》）

碧血丹心：指为正义事业所流的热血和奉献的忠心。形容十分忠诚坚定。

人主莫不欲其臣之忠，而忠未必信。故伍员流于江，苌弘死于蜀，藏其血，三年而化为碧。（《庄子》）

芝兰玉树：比喻有出息的子弟或出众的人才。

譬如芝兰玉树，欲使其生于庭阶耳。（《晋书》）

空谷幽兰：常用来比喻人品高雅。

碌碌复碌碌，我所思兮在空谷。空谷幽兰独自芳，欲往从之失南北。（《古碌碌词》）

芒寒色正：指星光清冷色纯正。也借以称颂人的品行高洁正直。

粲然如繁星丽天，而芒寒色正，人望而敬者，五行而已。（《唐故尚书礼部员外郎柳君文集序》）

怀瑾握瑜：比喻人怀有高尚的品德和坚贞的节操。

怀瑾握瑜兮，穷不知所示。（《九章》）

虚怀若谷：胸怀像山谷那样深广。形容十分谦虚。

上德若谷。（《老子》）

语林小憩

一、当成语医生，找出下列成语中的错别字吧。

扯高气扬 ⬚　　　　前鞠后恭 ⬚

成恶扬善 ⬚　　　　冠冕唐皇 ⬚

夜狼自大 ⬚　　　　春岚秋菊 ⬚

聪明灵俐 ⬚　　　　能言善辨 ⬚

二、下列成语不能用来形容人美好品德的是（　　　）。（多选题）

A. 空谷幽兰　　　B. 高山流水　　　C. 云中白鹤

D. 妄自尊大　　　E. 芒寒色正　　　F. 夏虫语冰

G. 芝兰玉树

三、按要求写成语。

1. 在方格中填入适当的汉字，将成语补充完整。

前 ⬚ 后 ⬚　　　　前 ⬚ 后 ⬚

前 ⬚ 后 ⬚　　　　前 ⬚ 后 ⬚

前 ⬚ 后 ⬚　　　　前 ⬚ 后 ⬚

2. 写出下列成语的反义词。

疾恶如仇 —— ⬚

怒发冲冠 —— ⬚

虚怀若谷 —— ⬚

拔帜易帜

<ruby>拔<rt>bá</rt></ruby> <ruby>帜<rt>zhì</rt></ruby> <ruby>易<rt>yì</rt></ruby> <ruby>帜<rt>zhì</rt></ruby>

未至井陉口三十里，止舍。夜半传发，选轻骑二千人，人持一赤帜，从间道萆山而望赵军，诫曰："赵见我走，必空壁逐我，若疾入赵壁，拔赵帜，立汉赤帜。"

——《史记》

成语释义　拔掉别人的旗帜，换上自己的旗帜。多比喻取而代之。
造　　句　在战役中，我方拔帜易帜，勇往直前，敌方丢盔弃甲，
　　　　　一败涂地。
近 义 词　取而代之
反 义 词　丢盔弃甲
找 规 律　人云亦云　将心比心　白马非马　听之任之

成语接龙

拔帜易帜 → 至高无上 → 上善若水 → ＿＿＿＿ → 成千上万
→ ＿＿＿＿ → 一跃而起 → 起早贪黑 → 黑灯瞎火 → ＿＿＿＿

咬文嚼字

"拔帜易帜"与"改弦易辙"的异同

相似点：都可用来形容事态发生改变。
差异性：拔帜易帜——人或事物的位置被夺取或代替而发生的
　　　　改变。
　　　　改弦易辙——改变的是方向或做法。

成语故事

秦末，韩信帮助汉王刘邦争夺天下，屡立奇功。

一次韩信率军攻赵，在距离井陉口三十里的地方停下来扎营。半夜，韩信挑选轻骑兵两千人，让他们每个人都带着一柄红色的标旗，从小道观察赵军的动静。

韩信对将士们说："赵军看到我们撤退，一定会全军出击来追我们，到时候你们就赶快冲入赵营，把赵军的旗变成汉王的红旗。"

一切都按照韩信的计谋进行着，两千个轻骑兵依计进入赵营，把赵军的旗帜统统拔掉，又插上了汉王的红旗。等赵军铩羽而归，看到赵营中插着汉王的红旗，都感到十分震惊，他们以为汉军已经攻下赵营。于是个个乱成一团，没有了斗志。汉军一鼓作气，趁机大破赵军，俘虏了赵王。

揭竿而起
jiē gān ér qǐ

> 斩木为兵，揭竿为旗，天下云集响应，赢粮而景从。山东豪俊遂并起而亡秦族矣。
>
> ——《过秦论》

成语释义 砍了树干当武器，举起竹竿当旗帜，进行反抗。指人民起义或武装暴动。

造　　句 他们再也无法忍受封建势力的压迫，最终选择了揭竿而起，走上反抗的道路。

近 义 词 斩木揭竿

反 义 词 忍辱偷生

成语接龙

揭竿而起 → 起死回生 → ☐☐☐☐ → 息事宁人 → 人见人爱
→ 爱屋及乌 → ☐☐☐☐ → 众叛亲离 → 离经叛道 → ☐☐☐☐

咬文嚼字

"揭竿而起"与"官逼民反"的异同

相似点：都可形容民众在腐朽不堪的统治下开始起义。

差异性：揭竿而起——从民众的角度进行描写，强调民众的反抗。

官逼民反——偏重强调原因，即黑暗腐朽的统治使民众走上反抗的道路。

成语故事

秦朝末年，陈胜等被征兵的穷苦农民决定起义。这是中国历史上第一次大规模农民起义，虽然陈胜没有取得最后的胜利，但他的起义直接成为秦朝灭亡的导火索。

《过秦论》中这样形容起义：陈胜这个穷小子，没有土地，只能干一些农活，还被流放到了边远地区。他的才能甚至赶不上一个普通人，他没有孔子、墨子的贤德，也不像陶朱公、猗顿那样财力雄厚。他跻身于戍（shù）卒的队伍中，在农村奋斗，率领着疲惫而没有经过专业训练的几百个士卒造反。他们的刀枪是砍下来的树干，举起的义旗是砍下来的竹竿子，即使这样，天下的人都纷纷拿着粮食追随。东方六国的英雄豪杰也都纷纷起义，很快，秦王朝就被这些起义人士一起推翻了。

文苑

广收进奉，搜罗珍异，以致贿赂公行。这时候，各种力量，三五十人一股，百几八十人一股，千把人一股，富民重足而立，贫民都纷纷揭竿而起，自立旗号，自封司令。
——魏巍

揭竿而起，将来不知何所底止。
——夏敬渠

113

生灵涂炭

shēng líng tú tàn

先帝晏驾贼庭，京师鞠为戎穴，神州萧条，生灵涂炭。天未亡秦，社稷有奉。主上圣德恢弘，道侔光武，所在宅心，天人归属，必当隆中兴之功，复配天之美。
（móu）

——《晋书》

成语释义 人民像陷在泥塘和火坑里一样。形容人民处于极端困苦的境地。

造 句 君主不知道关注百姓的生活，导致天下生灵涂炭。

近义词 民不聊生 哀鸿遍野

反义词 河清海晏

成语接龙

生灵涂炭 → 叹为观止 → ☐ → 善解人意 → 意料之外 → ☐ → 方寸之地 → 地尽其利 → 利欲熏心 → ☐

咬文嚼字

"生灵涂炭"的用法

在成语"生灵涂炭"中，生灵的意思是百姓，涂指烂泥，炭指炭火，因此，它是一个主谓式的成语，通常在句子中作谓语或者宾语。像"百姓生灵涂炭""人民生灵涂炭"这样的句子是不正确的，有语义重复的错误。

114

成语故事

公元385年，前秦君主符坚被后秦君主姚苌害死。

符丕是符坚的儿子，他从小就勤奋好学，了解兵法，非常有智谋。他跟着符坚打了不少仗，符坚死后，他便继承了符坚的皇位。

后来，符丕任命王永为左丞相。王永主张为符坚报仇，于是向各州郡发下文书，说："先帝（符坚）死于姚苌之手，如今京都长安成为敌人的大本营，天下凋敝冷落，百姓就像生活在泥塘和火坑中一样苦不堪言。幸亏天不亡秦，现在我们的国家有了接班人。君主圣明贤德，气度恢弘，堪比光武帝刘秀，民心归顺，天下归附。我们一定可以造就秦国中兴的大功，顺应天时。"

止戈为武
zhǐ gē wéi wǔ

非尔所知也。夫文，止戈为武。武王克商，作《颂》曰："载戢（收藏）干戈，载櫜（收藏）弓矢。我求懿德，肆于时夏，允王保之。"

——《左传》

成语释义 "武"字从"止"从"戈"。指能平息战乱，不再使用兵器，才是真正的武功（军事成就）。

造　句 战争并不是目的，止戈为武，才能使天下真正安定。

近义词 铸剑为犁

反义词 穷兵黩武

成语接龙

止戈为武 → 武不善作 → 作牛作马 → ☐ → 瞻前顾后

→ 后来居上 → ☐ → 地惨天昏 → 昏昏欲睡 → ☐

咬文嚼字

"止戈为武"与"马放南山"的异同

相似点：都可用来形容战争结束，天下太平。

差异性：止戈为武——偏重武力手段的停止，战争的结束，强调和平。

马放南山——有不再打仗的意思，但后来多指思想麻痹，放松懈怠。

成语故事

　　春秋时，晋、楚两国之间发生了一场大战，晋军大败。楚国大夫潘党对楚庄王说："君王，您为什么不把晋军的尸体堆起来，修建一个京观（指骷髅台）来显示您的军功呢？我听说，古人为了不让子孙后代忘记他们的功绩，都是这样做的。"

　　楚庄王说："你来看'武'这个字的构成，'止''戈'合起来才叫作'武'。'武'字的真正意思是停止干戈。周武王灭了商朝之后，作《周颂》说，'将兵器好好收藏，将弓箭藏在皮囊。我追求美德，也将这个愿望置于夏乐之中，希望成就王业，保有天下。'……古代英明的帝王，他们之所以征讨那些肆意作乱的人，杀掉那些吞食小国的不义之人，然后用土封盖他们的尸骨，是为了警醒百姓。现在晋国没有罪过，民众都能做好分内的事情，听从国君的命令，为什么要修建京观呢？"

四面楚歌
sì miàn chǔ gē

项王军壁垓下，兵少食尽，汉军及诸侯兵围之数重。夜闻汉军四面皆楚歌，项王乃大惊曰："汉皆已得楚乎？是何楚人之多也！"

——《史记》

成语释义 形容四面受敌、孤立无援的境地。

造　　句 他向来目空一切，不愿听取周围人的意见，终至众叛亲离，四面楚歌。

近 义 词 危机四伏

反 义 词 安然无恙　歌舞升平

成语接龙

四面楚歌 → 歌舞升平 → 平淡无奇 → _____ → 想入非非

→ 非同小可 → 可有可无 → _____ → 有声有色 → _____

咬文嚼字

"楚歌"中别有深意

楚歌，是指楚地的人们所唱的民歌。四面楚歌，从字面上看意思是四面八方传来楚地民歌。但这里的楚歌却勾起了项羽的军士急切的思乡情绪，使得他们无心恋战，最终大败。因此，"四面楚歌"含有贬义，注意结合它产生的语境，就不会望文生义了。

成语故事

秦朝末年，楚汉相争。楚军被汉军围困在垓下，缺兵少粮，陷入了孤立无援的境地。

夜晚，军营的四面八方突然传来楚国的歌声，项羽大惊，说："刘邦已经完全占领楚地了吗？为什么他的军队里有这么多楚人在唱歌呢？"其实这是刘邦的计谋，就是为了让项羽失去信心。项羽心烦意乱，深感大势已去，便在半夜饮酒解闷。他有个宠姬叫虞姬，和项羽形影不离；他还有一匹心爱的骏马，名叫骓，项羽经常骑着它奔波。想起这些，项羽更伤心了，就自己作了歌，慷慨悲愤地唱了起来："我的力量能拔起一座山啊，雄浑的气魄能压倒世间的一切。只是我命运不好啊，骓不再奔跑。骓不愿奔跑啊，可怎么办才好？虞姬啊，我心爱的人啊，我要怎么办才好？"在一旁的人听了都十分悲痛。

战争中大有乾坤——古代战争小常识

古代军队的编制和我们今天不一样。比如说春秋时期，许多大国都会设置上、中、下三军，晋国、吴国甚至还扩大到五军、六军。据《国语》记载，当时齐国规定五人为伍，五十人为小戎，二百人为一卒，十卒为一旅，五旅为一军。后来，历朝历代也基本沿用这个编制，以"军"为作战单位，但人数就与春秋时期不同了。

古代战争的作战方式也有门道，从殷商直到战国时期，最主要的作战方式是车战。比如齐、鲁两国的长勺之战（即《曹刿论战》中记录的战斗）就是一次车战，曹刿观察齐军是否佯装逃跑的依据就是车战积累的经验：齐军失败后，曹刿"视其辙乱"，就想到是因为溃不成军，所以车辙才乱成一片，于是确定齐军是真正的逃跑。

古代战事频繁，因此衍生出很多不同的表示战争的词汇。除了击、攻、战等表示一般的进攻和作战的字以外，其他一些表示战争的词大都有或褒或贬的感情色彩。如"征"含有褒义，征的意思指上对下或有道对无道的战争；"侵"就包含贬义的色彩了，侵是不宣而战的入侵。"冠军"的说法最早也是在军队里使用的。一般会用"冠军将军"加封战功显赫、英勇善战的人。"殿"有在最后的意思，如"殿后"。这个意思也来自战争。古时候，军队行军，有一支军队会被专门派出来担任后卫任务，就叫作"殿军"，殿军往往走在军队最后。后来在许多比赛中，最末一名便称"殿军"。

语林小憩

一、判断下列关于战争的成语的词性（填"褒义"或"贬义"）。

生灵涂炭 〔　　　　〕 　　止戈为武 〔　　　　〕

用兵如神 〔　　　　〕 　　兵荒马乱 〔　　　　〕

哀鸿遍野 〔　　　　〕 　　血流成河 〔　　　　〕

马入华山 〔　　　　〕 　　炮火连天 〔　　　　〕

二、写出下列成语的主人公。

拔帜易帜 〔　　　　〕 　　揭竿而起 〔　　　　〕

止戈为武 〔　　　　〕 　　四面楚歌 〔　　　　〕

破釜沉舟 〔　　　　〕 　　纸上谈兵 〔　　　　〕

三、判断下列成语描写的战争结果是胜利还是失败，并连线。

铩羽而归

锦囊还矢

鼓衰力竭

辙乱旗靡

捷报频传

势如破竹

溃不成军

人仰马翻

胜　利

失　败

投笔从戎

tóu   bǐ   cóng   róng

久劳苦，尝辍业投笔叹曰："大丈夫无它志略，犹当效傅介子、张骞立功异域，以取封侯，安能久事笔研间乎？"左右皆笑之。超曰："小子安知壮士志哉！"

——《后汉书》

成语释义 扔掉笔去参军。指文人从军。从戎：从军，参军。

造　句 报效国家的方式有很多，可以如鲁迅先生一样弃医从文，用文字唤醒更多的人；也可以像班超一样投笔从戎，为国冲锋陷阵。

近义词 弃文就武

成语接龙

投笔从戎 → 戎马一生 → _____ → 世外桃源 → 源源不断
→ 断章取义 → _____ → 严阵以待 → 待人接物 → _____

咬文嚼字

"戊、戌、戎、戍"形近字辨析

戊　wù 　指天干的第五位。
戌　xū 　指地支的第十一位。

"戊戌"经常连用表示一种干支纪年。

戎　róng 指兵器、军队。
戍　shù 　是（军队）防守的意思。

戎和戍常用于军队、战事有关的语境中。

成语故事

　　班超从小志向远大，很喜欢读书。

　　有一年，班超的哥哥班固被征召去做校书郎，班超和母亲也跟着班固一起到了洛阳。因为家庭贫穷，班超常常为官府抄书挣钱补贴家用。他长期做这些抄写的活计，非常劳累。有一次，他突然停下手中的活儿，放下笔感叹说："大丈夫要是没有更远大的志向，至少也应像昭帝时期的傅介子、武帝时期的张骞那样，在异地立下大功，成就功名，长期地在笔、砚中劳时伤神又有什么意义呢？"旁边的人都觉得他不可理喻，并取笑他。班超说："你们这些没有远谋的人怎么能了解壮士的志向呢！"

亡羊补牢

wáng yáng bǔ láo

臣闻鄙语曰:"见兔而顾犬,未为晚也;亡羊而补牢,未为迟也。"臣闻昔汤、武以百里昌,桀、纣以天下亡。今楚国虽小,绝长续短,犹以数千里,岂特百里哉!

——《战国策》

成语释义 羊逃跑了再去修补羊圈,还不算晚。比喻出了问题以后想办法补救,免得以后继续受损失。

造　句 虽然说这次考试没有考好,但现在亡羊补牢还来得及,千万不可自暴自弃。

成语接龙

亡羊补牢 → [　　　] → 破口伤人 → 人心归一 → 一日之长

→ 长夜难明 → [　　　] → 白云孤飞 → 飞鸟依人 → [　　　]

咬文嚼字

"亡羊补牢"与"悬崖勒马"的异同

相似点: 都表示及时醒悟回头。

差异性: 亡羊补牢——常和"未为晚"连用。侧重事情已经发生后做出的改变。

悬崖勒马——比喻到了危险的边缘及时醒悟回头。侧重事情发生前做出的改变。

成语故事

战国时期，楚国有一位大臣叫庄辛。他规劝楚襄王说："大王，您身边左有州侯，右有夏侯，外出时，车上又有鄢陵君和寿陵君跟随。您一味寻欢作乐，过着毫无节制的生活，楚国早晚会有危险的！"

果然没多久，秦国便逐步攻下了楚国的鄢郢、巫等地。此时，楚襄王猛然醒悟过来，派人去请庄辛。楚襄王问庄辛说："我没有听先生的话，事情到了这一步，现在可怎么办呢？"

庄辛回答说："俗话说，'见到兔子再放出猎犬还不算晚；丢了羊再修补羊圈，也不为迟。'当初商汤和周武王凭借百里小国也能昌盛起来；夏桀和殷纣虽然是天下之主，却还是被灭亡。现在楚国虽小，如果截长补短，也有方圆数千里之地，何止几百里呢！"

文苑

及今早图，示万国以更新之端，作十年保太平之约，亡羊补牢，未为迟也。

——梁启超

宁为玉碎，不为瓦全

nìng wéi yù suì　　bù wéi wǎ quán

天保时，诸元帝室亲近者多被诛戮。疏宗如景安之徒议欲请姓高氏，景皓云："岂得弃本宗，逐他姓，大丈夫宁可玉碎，不能瓦全。"

——《北齐书》

成语释义　宁做玉器被打碎，也不做瓦器而保全。比喻宁愿为正义事业牺牲，不愿丧失气节而苟且偷生。

造　句　她从来都是宁为玉碎，不为瓦全的人，为了秉持内心的操守，毅然决然地选择了辞职。

近义词　宁死不屈

反义词　忍气吞声

成语接龙

宁为玉碎，不为瓦全 → 　　　　　 → 意气自如 → 如数家珍

→ 珍奇玩好 → 好言好语 → 　　　　　 → 长年累月 → 　　　　　

咬文嚼字

"宁为玉碎，不为瓦全"与"留得青山在，不怕没柴烧"的异同

相似点：都表示了一种处世之道。

差异性：宁为玉碎，不为瓦全——指处事有自己的操守与原则。

留得青山在，不怕没柴烧——指懂得进退，以退为进。

成语故事

公元550年，高洋（齐文宣帝）灭魏，建立北齐政权，自立为皇帝。天保（北齐年号，公元550年—559年）年间，许多魏国元氏皇族的近亲都被杀掉了。那些关系远的元氏亲族看到元氏近亲被杀，都悄悄商议要怎么办，最后他们准备改姓为齐国皇族高姓来保全自己。

在关系稍远的元氏亲族中有一个叫元景安的人，他有个堂弟叫元景皓。元景皓对元景安说："我们怎么能抛弃本姓，改成人家的姓呢？大丈夫宁可像玉一样被打碎，为保持气节而牺牲，也不能做泥瓦只求自我保全，丧失名节，苟且偷生。"

孟母三迁

mèng mǔ sān qiān

孟子之少也，嬉游为墓间之事，踊跃筑埋。孟母曰："此非吾所以居处子。"乃去，舍市傍。其嬉戏为贾人衒卖（沿街叫卖）之事。孟母又曰："此非吾所以居处子也。"复徙，舍学宫之傍，其嬉游乃设俎（礼器）豆，揖让退进。孟母曰："真可以居吾子矣。"遂居之。

——《列女传》

成语释义 孟轲的母亲为选择良好的环境教育孩子，多次迁居。后指父母对子女教育的重视。

造　　句 为了让孩子能够好好学习，她选择把家搬到离学校近的地方，真是现代的孟母三迁啊。

近 义 词 择邻而居

成语接龙

孟母三迁 → 迁客骚人 → ☐ → 爱屋及乌 → 乌漆墨黑
→ 黑白分明 → ☐ → 访亲问友 → 友风子雨 → ☐

咬文嚼字

"三迁"不止三次！

　　"孟母三迁"中的"三"字并不是简单的"三次"的意思，而是指多次、屡次。从字面意思上，孟子的母亲的确是把家搬迁了三次：从墓地附近依次搬去了街市旁、学宫旁。但是这里作为引申义，"三"是虚词，泛指多次，类似的用法还有"韦编三绝"等。

128

成语故事

　　孟子小的时候，家里住的地方离墓地很近。他经常到墓地玩耍，看别人干活，他也蹦着跳着帮助人家筑坟、埋葬。孟母看到了就说："这不是小孩子可以好好居住的地方。"于是就带着孟子搬家了。

　　这一次他们住在了街市旁。可是，孟子这次又学会了跟着小贩做买卖，并且玩得不亦乐乎。孟母又说："这也不是小孩子可以好好居住的地方。"于是，他们把家搬到一所学宫旁。孟子在这里学习礼仪，他变得非常有礼貌。孟母高兴地说："这才是我儿子能好好居住的地方。"于是就住在了这里。

迷而知返
mí ér zhī fǎn

以为足下当勠力同心，匡翼汉室，而阴谋不轨，以身试祸，岂不痛哉！若迷而知反，尚可以免。

——《三国志》

成语释义 指迷失了路而知道回来。比喻发觉自己犯了错误，知道改正。也作"迷途知返"。

造　　句 在即将铸成大错之前，他选择了停止并道歉，也算是迷而知返，为时不晚。

近 义 词 回头是岸

反 义 词 迷而不返

成语接龙

迷而知返 → 返老还童 → 童叟无欺 → 欺世盗名 → ▢▢▢▢

→ 收回成命 → ▢▢▢▢ → 丝丝入扣 → 扣人心弦 → ▢▢▢▢

咬文嚼字

"迷而知返"与"悬崖勒马"的异同

相似点：都可用来形容在危急关头及时停下。

差异性：迷而知返——已经犯了错误而及时止损。

悬崖勒马——到了危险的边缘及时清醒回头，不一定是已经犯了错误。

成语故事

东汉末年，袁术占据南阳后，纵情享乐，为非作歹，当地百姓被压迫得苦不堪言。后来。北部的袁绍和中原的曹操一起讨伐袁术。袁术经不住两面夹击，就逃到九江。当时汉朝军阀割据，非常混乱。袁术看到这种混乱的局面，就想要借机讨便宜，趁乱登上皇帝宝座。于是他给少年时代的好友陈珪写信，请陈珪帮助他。

陈珪回信劝袁术，让他放弃当皇帝的梦想，因为这与民心是相违背的。陈珪在信中说："我以为你会非常用心地救助汉室，你却偏要走向迷途，想自称皇帝，真是太让人失望了！要是你迷了路还知道返回的话，就还能避免祸患。"

袁术听不进去，在寿春称帝。他的行为遭到民众和其他军阀的一致反对。后来，吕布、曹操先后讨伐袁术，袁术大败，病死在逃亡途中。

文苑

路旁有深山大泽，也有平坡宜人；有杏花春雨，也有塞北秋风；有山重水复，也有柳暗花明；有迷途知返，也有绝处逢生。

——季羡林

危楼也许是又破又烂，但终究是大家同舟共济住了这么久的危楼。不论是误入歧途，还是迷途知返，总是危楼的儿女。

——李国文

"三班"的故事

学了成语"投笔从戎"后，你对班超有一定的认识了吧！那么，你知道"三班"吗？三班是指汉朝班氏一族的三位历史学家：班彪、班固（班彪三子，班昭三兄）、班昭（班彪幼女，班固之妹）。"投笔从戎"故事中的主角班超便是"三班"中班彪的幼子，班固的弟弟，班昭的兄长，但要注意的是，班超并非"三班"之一。

班彪出身儒学之家，从小便受家学的熏陶。班彪专心研究史学，尤其喜欢汉代史。班彪的历史思想和史学思想对班固和《汉书》的影响也是直接而深刻的。

班固从小就很聪明，九岁就能写文章，十六岁便进入太学读书，他从来都不拘泥于书本内容，而是希望能够通晓大义。等他长大了一点，读了更多的书，见识到了更多的说法言论，就开始在父亲的影响下研究史学。父亲去世后，他整理父亲留下的资料，并开始撰写《汉书》。《汉书》可以说是后世正史的范例。

班昭不仅是史学家，还是文学家、政治家。她撰写了《女诫》，在当时还是各位妃子的礼仪老师，负责给妃子以及贵族女儿们讲授礼仪。班昭逝世后，皇太后还亲自为班昭穿素服举哀。

三班之外，班超亦是班家影响较大的人物，他不像父亲、兄长、妹妹那样以文采著名。班超为人有大志，不拘小节。他博览群书，但又不甘于为官府抄写文书，于是投笔从戎，随窦固出击北匈奴，又奉命出使西域。

语林小憩

一、东汉时期"三班"指的是（　　　　）。

    A. 班彪、班昭、班超

    B. 班彪、班固、班昭

    C. 班固、班昭、班超

    D. 班彪、班固、班超

二、根据题意写出含有动物的成语。

    1. 形容及时止损，避免走上绝境：□□□马

    2. 形容做事不谨慎，让对方发觉：□□□蛇

    3. 形容出了问题后及时想办法补救：□羊□□

    4. 指志士及时奋发：□鸡□□

三、不同的选择有不同的路。下面有两条路，请选择你喜欢的成语所在的路进行成语接龙，并用接龙的最后一个成语造句。

    你的选择是

    迷 而 知 返 ○ ○ ○ ○ ○ ○ ○ ○ ○ ○ ○ ○ ○

    孟 母 三 迁 ○ ○ ○ ○ ○ ○ ○ ○ ○ ○ ○ ○ ○

    造句：＿＿＿＿＿＿＿＿＿＿＿＿＿＿＿＿＿＿＿＿＿＿＿

分道扬镳

fēn dào yáng biāo

孝文曰："洛阳，我之丰、沛，自应分路扬镳。自今以后，可分路而行。"及出，与彪折尺量道，各取其半。

——《北史》

成语释义 指分路而行。比喻因思想、志趣、目标不同，各走各的路或各干各的事。

造　　句 经过那次关乎立场的争吵之后，两个好朋友就分道扬镳了。

近 义 词 各奔东西

反 义 词 志同道合

成语接龙

分道扬镳 → 标新立异 → ☐ → 开天辟地 → 地平天成 → ☐ → 美如冠玉 → 玉石不分 → 分心劳神 → ☐

咬文嚼字

"扬镳"扬的是什么？

镳，本义为马嚼子，即指马口中所衔的铁具露出在外的两头部分，从这个意思可以知道扬镳就是提起马嚼子，驱马前行。分道扬镳即分道行走，结合成语意义更容易记住字形。

成语故事

南北朝时期，北魏的河间公元齐有个非常有才华的儿子叫元志。元志读过很多书，很受孝文帝赏识，还被任命为洛阳令。

元志非常高傲，他看不起什么都不会的权贵。有一次他外出游玩，碰到了御史中尉李彪的车驾迎面而来。按理说，元志官职比李彪小，应该给他让路。但元志不避豪强高官，偏不给他让路。李彪很生气，说："我是御史中尉，官职居上，你为什么不给我让路？"元志理直气壮地说："我是洛阳的地方官，你在我眼中也只是洛阳的一个住户，地方官怎么能给住户让路？"

两个人谁也不服谁，最后找孝文帝评理。孝文帝弄清原委后，说："洛阳是我的地方。你们说的都没错，那你们可以分开来，各走各的。"二人折返后，都取来了尺具，丈量了经常通行的道路，两人各取一半，自己走自己的一半路。

白头如新
bái tóu rú xīn

　　邹阳客游，以谗见禽，恐死而负累，乃从狱中上书曰：臣闻忠无不报，信不见疑，臣常以为然，徒虚语耳。……谚曰："有白头如新，倾盖如故。"何则？知与不知也。

——《史记》

成语释义　互相认识很久，到了老年仍跟刚认识一样。指彼此交情很浅。也作"白首如新"。

造　句　我们共事30多年，但一直没有深交，真有白头如新之感。

反义词　倾盖如故　一见如故

找规律　车马如龙　观者如堵　巧舌如簧　眉目如画

成语接龙

白头如新 → 新陈代谢 → ☐☐☐☐ → 地动山摇 → 摇头摆尾 → ☐☐☐☐ → 掉以轻心 → 心猿意马 → 马到成功 → ☐☐☐☐

咬文嚼字

"白头"之中有情谊

　　汉乐府民歌《白头吟》中有一句名句：愿得一心人，白首不相离。这两句诗表达的是一种真挚专一的爱情态度。白头，就是白发，指老年。在成语"白头如新"中，白头也是指老年，不过常用来表示彼此的交情像刚认识的新朋友一样浅。如果要表示相守一生的爱情可以用"白头相守""白头偕老"等成语。

成语故事

邹阳是汉初名士，是梁孝王门客。

邹阳满腹经纶，但性格刚直，不肯与他人同流合污，因此得罪小人。有人在梁孝王面前说他的坏话，而梁孝王听信这些人的污蔑，把他投进了监狱，并且想要将他处死。邹阳在狱中上书梁孝王，其中写道："我听说忠心不会得不到回报，诚实不会被怀疑，我以前一直认为是这样，原来不过是空话罢了。认识了很多年，直到头发斑白都不了解对方，像是初识一样；在路上遇到的两个人停下车谈话，两辆车靠得太近以至把车盖都挤歪了，明明是新交却好像有多年交情一样情投意合。原因在哪里呢？就在于相知与不相知。"

文苑

倾盖若旧，白头如新。尝谓谈过其实，辨而非真。

——卢照邻

嗟乎！褐袍匪旧，白首如新，谁明公冶之非，孰辨臧仓之诉。

——骆宾王

137

高山流水

gāo shān liú shuǐ

伯牙鼓琴，锺子期听之。方鼓琴而志在太山，锺子期曰："善哉乎鼓琴，巍巍乎若太山。"少选之间而志在流水，锺子期又曰："善哉乎鼓琴，汤汤乎若流水。"锺子期死，伯牙破琴绝弦，终身不复鼓琴，以为世无足复为鼓琴者。

——《吕氏春秋》

成语释义　比喻知音难遇或乐曲高妙。
造　　句　高山流水，得遇知音，实乃人生的一大幸事。
反 义 词　对牛弹琴
找 规 律　千山万水　青山绿水　依山傍水　游山玩水

成语接龙

高山流水 → 水到渠成 → 成事不足 → ＿＿＿＿ → 谋财害命
→ 命中注定 → 定倾扶危 → ＿＿＿＿ → 夕阳西下 → ＿＿＿＿

咬文嚼字

"高山流水"与"曲高和寡"的异同

相似点：都带有曲艺高超，难以被理解的意思。
差异性：高山流水——偏重强调的是遇到能够理解琴音的知己很难，知音难觅。
曲高和寡——偏重强调曲艺高深，所以懂的人很少。

138

成语故事

　　春秋时期，有一个人叫伯牙，很善于弹琴，还有一个人叫锺子期，他很擅长欣赏音乐。有一次，伯牙在弹琴，锺子期在一旁欣赏。伯牙刚刚用琴音表现出高山的巍峨，锺子期便说："弹得多么好啊，就像巍峨高耸的大山一样。"过了一会儿，伯牙又用琴声表现流水，锺子期又说："弹得多么好啊，就像是浩浩荡荡的流水一般。"后来，锺子期去世了，伯牙就把琴摔破，把琴弦弄断，表示自己再也不会去弹琴了，因为他觉得锺子期走了，世上再没有值得他为之弹琴的知音了。

相濡以沫
xiāng rú yǐ mò

泉涸，鱼相处于陆，相呴以湿，相濡以沫，不如
_{（嘘气）}相忘于江湖。与其誉尧而非桀也，不如两忘，而化其道。

——《庄子》

成语释义 原指泉水干涸，鱼用口中的水沫相互湿润。后用来指夫妻感情，也可用于朋友。比喻同在困难的处境里，用微薄的力量互相帮助。

造　　句 他们夫妻虽然遇到很多困难，但一直以来都相濡以沫。

近 义 词 风雨同舟　同甘共苦

反 义 词 自私自利　独善其身

成语接龙

相濡以沫 → 莫名其妙 → 妙不可言 → ＿＿＿＿ → 实实在在
→ 在此一举 → ＿＿＿＿ → 名正言顺 → 顺流而下 → ＿＿＿＿

咬文嚼字

"相濡以沫"与"琴瑟和调"的异同

相似点：都可用来形容夫妻感情很好。

差异性：相濡以沫——偏重强调的是夫妻在困难面前仍然相互扶持的患难真情。

琴瑟和调——偏重强调的是夫妻之间感情很好，没有不和。

成语故事

　　鱼儿在湖水里自由自在地游来游去。它们彼此没有交流，也不需要对方为自己做点什么，自在而没有拘束。

　　但是有一天，江湖的水源枯竭了，再也没有那么多足够它们自由自在遨游的水源，鱼儿们被困在了陆地上。它们吐着唾沫，想让对方的身体湿润一点。与其待在这样的处境中，还不如在江湖中互不往来，自由自在地各自生活啊。

　　庄子借这个事情表达了与其称赞唐尧而非难夏桀，不如把双方都忘却，把他们与大道化而为一。

相知恨晚

夫家居，卿相待中宾客益衰。及窦婴失势，亦欲
倚夫引绳排根生平慕之后弃者。夫亦得婴通列侯宗室
（合力排斥异己）
为名高。两人相为引重，其游如父子然，相得欢甚，
无厌，恨相知之晚。

——《汉书》

成语释义 形容新交的朋友十分投合。相知：相互了解。

造　　句 他们突然发现彼此爱好完全一样，都有一种相知恨晚的
感觉。

近 义 词 倾盖如故

反 义 词 白头如新

成语接龙

相知恨晚 → 晚节不终 → 终而复始 → □□□□ → 及时行乐

→ 乐不可言 → □□□□ → 理过其辞 → 辞旧迎新 → □□□□

咬文嚼字

"相知恨晚"与"一见如故"的异同

相似点：都可用来形容第一次见面就十分投缘。

差异性：相知恨晚——除了友情，也可以指爱情等其他的感情，且
感情程度更强烈。

一见如故——偏重友情。故，指故友，老朋友。

成语故事

　　西汉时期，有一个叫窦婴的大臣。在他得势之时，很多人都争着投靠他，想要归附在他门下。后来，窦婴得罪了窦太后，被罢免了丞相之职。那群在他有权有势时来投靠他的人纷纷作鸟兽散，离开了窦婴。只有灌夫还和从前一样跟窦婴保持着深厚的友谊。

　　然而，灌夫的处境也不是很好。他性格刚正不阿，偏偏喜欢喝酒耍脾气，不懂得趋炎附势，因此得罪了不少人，官运一直都不怎么好。

　　于是，窦婴和灌夫彼此互相帮助。窦婴失势后，可以依靠灌夫的力量把那些背信弃义的小人排斥在外；灌夫也可以通过窦婴认识有地位的人物。两人互相依靠，交往密切，就像父子一样相处甚欢，从不感到厌倦，还总是惋惜彼此认识得太晚了。

这些"交情"，你知道几个？

莫逆之交：指思想一致、感情深厚的朋友。

四人相视而笑，莫逆于心，遂相与为友。（《庄子》）

忘年之交：不拘年龄、辈分的差异而结交的朋友。

弱冠州举秀才，南乡范云见其对策，大相称赏，因结忘年交。（《南史》）

贫贱之交：贫困时结交的朋友。

弘曰："臣闻贫贱之知不可忘，糟糠之妻不下堂。"（《后汉书》）

刎颈之交：指可以同生死共患难的朋友。

卒相与欢，为刎颈之交。（《史记》）

金兰之契：指情投意合的朋友。也指相互投合的深厚情谊。

山公与嵇、阮一面，契若金兰。（《世说新语》）

竹马之友：童年时代结成的朋友。

少时吾与浩共骑竹马，我弃去，浩辄取之。（《晋书》）

布衣之交：指平民之间的交往。也指显贵者与地位低的人平等诚挚的交往。

臣以为布衣之交尚不相欺，况大国乎！（《史记》）

杵臼（chǔ jiù）之交：指不计较贫富和身份而结交的朋友。

时公沙穆来游太学，无资粮，乃变服客佣，为祐赁舂。祐与语大惊，遂共定交于杵臼之间。（《后汉书》）

语林小憩

一、选择合适的成语填空。

> 刎颈之交　贫贱之交　忘年之交
> 竹马之交　杵臼之交　金兰之交

1. 七十八岁的陈老师和十九岁的小罗虽然年龄差别很大，但他们成了 _____。

2. 他们是从小就一起长大的 _____。

3. 虽然没有血缘关系，但是他们俩关系好得像亲兄弟一样，是让人羡慕的 _____。

二、根据语境写出适当的成语。

1. 他们夫妻二人结婚这么多年，虽然碰到过很多困难，但他们都一一克服了。（请写出两个表示夫妻感情深厚的成语）

_____　　_____

2. 他们曾经是无话不谈的朋友，但因为意见不合而慢慢疏远。（请写出两个表示关系疏远的成语）

_____　　_____

三、根据提示写出含有"情"字的成语。

1. 形容浓厚的情意难以推辞：□情□□

2. 客套话，不合情理的请求：□情□□

3. 指对人或事物有深厚的感情，十分向往留恋：□□情□

4. 形容用感情来打动别人：□□□情

揠苗助长

<small>yà miáo zhù zhǎng</small>

宋人有闵其苗之不长而揠之者，芒芒然归，谓其人曰："今日病矣，予助苗长矣。"其子趋而往视之，苗则槁矣。

——《孟子》

成语释义 把苗拔起来，帮助其成长。比喻违反事物的发展规律，急于求成，最后事与愿违。

造 句 很多家长给孩子报各种各样的辅导班，却不曾想这样是揠苗助长，让孩子丧失了对学习的兴趣。

近义词 急于求成

反义词 顺其自然

成语接龙

揠苗助长 → 长幼尊卑 → [____] → 耻居人后 → 后来居上 → 上善若水 → 水落石出 → [____] → 胜之不武 → [____]

咬文嚼字

"揠苗"不可为

揠，意思是拔，用手才能拔，因此是提手旁，不要误写成形近字"偃"。揠苗，就是拔高禾苗，由此，揠苗助长也可写作"拔苗助长"。成语"揠苗助长"在句子中可以作主语、谓语，也可作定语，含贬义。

成语故事

宋国有一个人总是担心禾苗生长得不够快，就跑到田里去把禾苗拔高，觉得这样就可以让禾苗长得快一点。拔了一天，他拔得累极了，回到家邀功："今天累坏了，我把禾苗都拔高了，这样它们就可以长得快一点。"他的儿子急忙跑到田里，结果看到禾苗已经全部枯萎了。

孟子讲完这个故事后，发表自己的见解说：普天之下，所有人都想要帮助禾苗长得快一点。但是他们中有的人却不照顾禾苗，对于田间的管理不闻不问，也不除草，更不勤恳；跟这些人相反，这个拔苗助长的人是过于关心而导致不好的结局。他自己把禾苗拔高，是想帮助它们生长，但这种做法反而让禾苗死得更快。

掩耳盗铃
yǎn ěr dào líng

范氏之亡也，百姓有得钟者。欲负而走，则钟大不可负。以椎毁之，钟况然有音。恐人闻之而夺己也，遽掩其耳。

——《吕氏春秋》

成语释义 比喻自己欺骗自己。也作"掩耳盗钟"。

造 句 他是个非常主观的人，面对错误，常常做出掩耳盗铃、自欺欺人的傻事。

近 义 词 自欺欺人

反 义 词 自知之明

成语接龙

掩耳盗铃 → 玲珑小巧 → ☐ → 色授魂与 → 与日俱增

→ 增砖添瓦 → 瓦釜雷鸣 → 鸣金收兵 → 兵临城下 → ☐

咬文嚼字

"掩耳盗铃"与"一叶障目"的异同

相似点： 都可用来比喻自欺欺人的愚蠢行为。

差异性： 掩耳盗铃——偏重强调自己欺骗自己，做无用功。

一叶障目——除了表示自欺欺人的行为外，还可以理解为被眼前的事物所迷惑。

成语故事

以前，有一户姓范的人家离开家乡逃亡了，他的家里剩了一些无法搬走的大件的东西。有一个人看到范家还留有一口钟，就想把钟背到自己家。

然而，这口钟实在是太大太重了。那个人费了半天劲儿，无论如何都背不动，于是，他拿起铁锤想要把钟砸碎再搬走。却没想到"哐"一声，钟在他砸动时发出了巨响。他害怕别人听到声音会来和他争抢这口钟，就赶忙用双手把自己的耳朵捂住。他自己听到的声音变小了，就以为别人也听不到钟声。

这个人在偷钟过程中，害怕声音被别人听见，倒还符合盗窃的逻辑。然而他捂住自己的耳朵，以为自己听不到钟声，别人就同样也听不到，实在是荒谬。

文苑

成书不出姓名，以避近名之讥，此与掩耳盗铃之见何异？

——朱熹

他想作掩耳盗铃之计，想避去这一种公然的侮辱，只好装了自己是不在楼上的样子。

——郁达夫

画蛇添足

huà shé tiān zú

一人蛇先成，引酒且饮之，乃左手持卮，右手画蛇，曰："吾能为之足。"未成，一人之蛇成，夺其卮曰："蛇固无足，子安能为之足？"遂饮其酒。

——《战国策》

成语释义 画蛇时给蛇添上了脚，后比喻一个人做了一件事，不但无益，反而不合适。也比喻虚构事实，无中生有，多此一举。

造 句 这篇文章明明到这句话结束便很好，作者偏要再加一笔，反而显得画蛇添足。

近 义 词 多此一举

反 义 词 画龙点睛

成语接龙

画蛇添足 → ☐ → 户静门清 → 清风徐来 → 来路不正

→ 正襟危坐 → ☐ → 空谷足音 → 音容笑貌 → ☐

咬文嚼字

"点睛""添足"需分辨！

给蛇画上脚是多此一举，那给龙画上眼睛会有什么事情发生呢？画家张僧繇提笔为龙点睛，结果画中的龙便活了。成语"画龙点睛"比喻艺术创作在关键处着笔，或作文、说话等在紧要之处加上精辟词语，使其生动传神。"点睛"与"添足"刚好道出了做事要做得恰如其分的真谛。

成语故事

战国时，楚国一个祭祀的人行过祭礼后，把酒赏给了手下办事的人。酒只有一杯，办事人员却有很多，他们就互相商量："这杯酒显然不够我们几个人一起喝，如果只给一个人喝倒还合适。不如这样，我们每个人都在地上画一条蛇，谁先画成，就让他喝这杯酒。"

有一个人画得非常快，不一会儿就画成了。他拿过酒，正准备喝时，又看了看自己画的蛇，得意地说："我还可以替蛇画上脚呢。"于是他便开始给蛇画起脚来。等他在画蛇脚的时候，另一个人把蛇画成了，于是这个人从画蛇脚的人手中把酒抢了过来，说："蛇本来没有脚，你怎么能给它添上脚呢？"于是这个人就喝了这杯酒。那个给蛇画脚的人，最终也没喝到这杯酒。

文苑

将军功绩已成，威声大震，可以止矣。今若前进，倘不如意，正如『画蛇添足』也。

——罗贯中

当不得那接手的人常要画蛇添足，轻的说他故示温柔，重的说他有心戏谑，高的说他提心在手，何异举案齐眉，下的说他借物丢情，不啻抛毬掷果。

——李渔

滥竽充数
làn yú chōng shù

齐宣王使人吹竽，必三百人。南郭处士请为王吹竽，宣王说之，禀食以数百人。宣王死，湣王立，好一一听之，处士逃。

yuè *lǐn* *mǐn*

——《韩非子》

成语释义 不会吹竽的人混在会吹竽的队伍里充数。比喻无本领的冒充有本领，次货冒充好货。有时也用于自谦。

造　　句 妈妈在网上买了一箱苹果，到货时发现有好几个坏的。商家滥竽充数的做法真是太可恶了。

近 义 词 鱼目混珠　名不副实

反 义 词 货真价实　名副其实

成语接龙

滥竽充数 → 数典忘祖 → ＿＿＿＿ → 代人受过 → 过犹不及
→ 及时行乐 → 乐而忘返 → ＿＿＿＿ → 真情实感 → ＿＿＿＿

咬文嚼字

假的泛"滥"，竹器为"竽"

"滥"是汉语常用字，本义为大水漫延、溢出，又引申为蔓延、肆意妄为、过度、失实等义。在本成语中意为失实，即假冒的意思。"竽"是中国古老的吹奏乐器，战国至汉代曾广泛流传。竽是用竹管制作而成的，因此是竹字头，不可写成草字头。

成语故事

　　战国时期，齐国的齐宣王很喜欢听人吹竽。他喜欢集齐三百人让他们一块儿吹。

　　有个叫南郭先生的人听说了这个事，他不会吹竽，但又觉得自己可以混在三百个人中间充数，于是他请求为宣王吹竽。齐宣王就让他加入了吹竽的队伍，让他和其他人享受同样的待遇。南郭先生非常得意地享受着不属于自己的厚待。然而好景不长，齐宣王死后，齐湣王继位了。齐湣王跟齐宣王一样喜欢听人吹竽，不过他喜欢听人单独吹竽。南郭先生只是来混饭吃的，根本就不会吹竽。于是他只好灰溜溜地逃走了。

竽

文苑

若止靠着才气，撮些陈言，便不好滥竽充数了。

——文康

我在大学里读的是西洋文学。毕业后，因为找不到适当的工作，滥竽充数，在高中教了一年国文。

——季羡林

153

杞人忧天

qǐ rén yōu tiān

杞国有人忧天地崩坠，身亡所寄，废寝食者。又有忧彼之所忧者，因往晓之，曰："天，积气耳，亡处亡气。若屈伸呼吸，终日在天中行止，奈何忧崩坠乎？"

——《列子》

成语释义 借指忧虑那些不必要忧虑的事。

造　　句 他总是杞人忧天，担心孩子外出不安全，恨不得天天把孩子关在家里。

近 义 词 庸人自扰

反 义 词 无忧无虑

成语接龙

杞人忧天 → 天外有天 → [　　　　] → 平步青云 → 云游四方
→ 方方面面 → [　　　　] → 色若死灰 → 灰头土脸 → [　　　　]

咬文嚼字

"杞人忧天""杞人之忧"并不同

杞人忧天：动词性短语，在句中作谓语、定语、状语

杞人之忧：名词性短语，在句中作主语、宾语

比喻不必要的忧虑。

154

成语故事

杞国有一个人整天担心天会塌，地会陷落，自己会没有容身之地。他因为这件事整天睡不着觉，吃不下饭。

这时，又有一个人为这个杞国人的忧愁而担心，就想开导他："我们的天不过是积聚的气体，这种气体哪里都有。你的一举一动，一呼一吸，都囊括在'天'的气体中，怎么还担心它会塌下来呢？"

杞国人依然很迷惑："'天'如果是气体，那太阳、月亮、星星也不会掉下来吗？"

那个人便说："太阳、月亮、星星也只是气体中会发光的东西罢了，掉下来也不会伤害你。"

杞国人又说："还有地。要是地往下陷落可怎么办呢？"

那个人回答说："地是由土块和石头堆积起来的。哪里都有土块和石头，你见过这些地方陷落吗？"

杞国人听了之后，顿时放下心来，十分高兴，不再为天塌地陷而整日担忧。

寓　言

　　寓言，是一种用比喻性的故事来寄托意味深长的道理、给人以启示的文学体裁。寓言一词最早出现在《庄子》中，兴起于春秋战国时代。

　　寓言的篇幅一般较短，语言精辟简练，用来讽刺一些社会现象或是表达一些处事哲理，教育性很强。按照叙事手法划分，寓言的类型大致分两种：一种是用夸大的方式，把主人公的特点和思想勾画出来；另一种是用拟人的手法，把动植物等人格化，让它们拥有人的思想感情或某类人的特点。

　　中国民间寓言源远流长，这些寓言反映了劳动人民健康、朴实的思想，是人民无穷的智慧和高尚的道德光芒的鲜明表现。

语林小憩

从下列宫格中各识别出两个成语。

威	假	庖
丁	狐	牛
虎	解	未

画	盗	掩
足	狗	蛇
耳	添	铃